跨文化英语翻译的理论与实践应用研究

饶梦迪　马璐璐　著

中国建材工业出版社
北　京

图书在版编目(CIP)数据

跨文化英语翻译的理论与实践应用研究/饶梦迪，马璐璐著. --北京：中国建材工业出版社，2023.11

ISBN 978-7-5160-3927-4

Ⅰ.①跨... Ⅱ.①饶...②马... Ⅲ.①英语－翻译－研究 Ⅳ.①H315.9

中国国家版本馆 CIP 数据核字(2023)第 223922 号

跨文化英语翻译的理论与实践应用研究

Kuawenhua Yingyu Fanyi de Lilun yu Shijian Yingyong Yanjiu

饶梦迪　马璐璐　**著**

出版发行：中国建材工业出版社

地　　址：北京市海淀区三里河路 1 号

邮　　编：100044

经　　销：全国各地新华书店

印　　刷：北京传奇佳彩数码印刷有限公司

开　　本：787mm×1092mm　1/16

印　　张：9.75

字　　数：130 千字

版　　次：2024 年 5 月第 1 版

印　　次：2024 年 5 月第 1 次

定　　价：59.80 元

本社网址：www.jccbs.com，微信公众号：zgjcgycbs

本书如有印装质量问题，由我社市场营销部负责调换

联系电话：**(010)88386906**

/前　言/

随着全球经济化的发展，翻译作为一种典型的跨文化交际活动，对相关人才的要求也在不断提高。但是英语与汉语所处的文化环境存在较大差异，造成语言表述存在差异。翻译不单单是语言符号的转换，更是文化内涵的传递，因此在翻译中跨文化意识显得尤为重要，否则就会出现信息错误的情况，会造成跨文化交流的难度增加，不利于我国在国际上的发展。因此，在英语翻译中渗透、融入跨文化意识，提供准确而又具有丰富内涵的信息才能推动跨文化交流，本书就此展开论述。

跨文化是指对于与本民族文化有差异或冲突的文化现象、风俗、习惯等有充分正确的认识，并在此基础上以包容的态度予以接受与适应。目前跨文化意识的提倡主要是在外语学习领域，因为语言是文化的载体，如果抛开文化学语言很难学到一门语言的精髓，也很难提高自己与外国人的实际交际能力；反之在认识文化基础上去学习语言，很多时候可以收到事半功倍的效果。

英汉作为不同国家的两种语言，深刻负载着自己民族的文化因素。对两种语言的翻译研究，首先要从文化入手，以文化作为切入点分析对比两种语言，以达到两种语言成功的相互转换。本书在此基础上，系统地从文化层面对英汉两种语言进行了对比，并结合实例对英汉两种语言相应情况下的翻译进行了阐释与总结。

本书在撰写的过程中，参考了许多同仁的相关作品，在此，对相关作者表示衷心的感谢。由于受水平、能力及视野的影响，加之材料来源及实践感悟的局限性，本书不一定全面准确，疏漏之处，敬请专家、同行及广大读者指正，以便今后更加完善。

/目　录/

第一章　不同文化下的语言 …… 1
第一节　语言 …… 1
第二节　文化 …… 4
第三节　语言与文化 …… 9
第二章　英语翻译研究概述 …… 15
第一节　翻译理论研究 …… 15
第二节　翻译标准 …… 30
第三节　翻译过程 …… 31
第三章　跨文化视角下的英语翻译的意义 …… 35
第一节　跨文化的商务英语翻译 …… 35
第二节　跨文化交际中科技英语翻译的语用失误 …… 38
第三节　跨文化文学作品翻译的人际意义 …… 43
第四节　跨文化英语翻译中的文化意义 …… 49
第五节　英语翻译教学中跨文化交际能力的培养 …… 54
第四章　跨文化视角下的英语翻译对策研究 …… 57
第一节　跨文化视角下法律英语的翻译 …… 57
第二节　跨文化视域下英语翻译中的同化和异化 …… 61
第二节　跨文化视角下英语翻译的词类转换技巧 …… 63
第四节　英语电影字幕翻译的跨文化因素及对策 …… 66
第五节　地方高校商务英语翻译教学中学生跨文化交际意识培养 …… 70
第五章　跨文化视角下的英语翻译教学的新模式 …… 75
第一节　中国英语翻译教学现状 …… 75
第二节　以学生为中心的英语翻译教学 …… 85
第三节　翻译教学中应注意的环节 …… 88

第四节 翻译教学中跨文化意识的培养 …… 90
第五节 翻译理论在翻译教学中的实践应用 …… 94
第六章 跨文化视角下的英语翻译实践应用 …… 119
第一节 典故文化翻译 …… 119
第二节 习语文化翻译 …… 125
第三节 饮食文化翻译 …… 134
第四节 节日文化翻译 …… 142
参考文献 …… 147

第一章　不同文化下的语言

第一节　语言

一、语言的内涵

语言学界至今对语言还没有一个清晰而统一的定义。因为不同的时代、不同的学派对语言有不同的看法。语言是人类所特有的，非本能地使用自发创作的符号沟通思想、表达情感和愿望的交际手段。乔姆斯基在《句法结构》一书中指出：语言是一组（有限或无限的）句子，每个句子长度有限，并由有限的成分构成。虽然语言学家对语言的定义在表述上有区别，但是都是从语言的本质角度出发的。一般来说，可以把语言定义为：人类用于交际和思维的最重要的符号系统。蜜蜂、海豚、黑猩猩等动物，都有自己的交际手段，但是，大量的研究表明，它们没有人类这样的语言，语言是人类所独有的。人类可以使用多种工具进行交际和思维，但是，语言是人类生产生活最为重要的工具。

二、语言的特征

语言是人类所特有的交流手段。美国语言学家霍凯特提出了人类语言不同于动物沟通方式的几种区别性特征。

（一）语言的任意性

语言的任意性指符号与所指物之间的关系是任意的，即词素的音和义之间的组合是任意的，不是有意设计的。自索绪尔时期，语言学家们在语言的任意性特点上达成共识，认为语言符号与它所指的对象的关系，更具体地说，就是声音与意义的关系。在任何一种语言里，可以解释的，亦称有理据的声音与意义的关系的现象总是少数的。

（二）语言结构二重性

语言结构二重性指在语言研究中发现语言具有双重结构的特征。在语言的高级结构中，语言是有意义的最小单位的集合，如词素和词；在语言的低级结构中，语言是序列化的切分成分的排列，这些切分成分自身没有意义，但是可以组合成意义单位。在语言结构中，低级层次中的语音单位组成高级层次中的更大的单位，叫作结构二重性。

（三）语言的创造性

语言的创造性指我们可以理解和创造本族语言中无限多的句子，而且包括那些从未听过的表述。语言的创造性和能产性来自语言的二重性，即语言符号的任意性和相似性，因此说话者能够结合各个语言单位形成无数的句子。

（四）语言的不受时空限制性

语言的不受时空限制性指语言既可以描述在场的事物，也可以描述不在场的事物；换言之，语言可以描述过去、现在、未来的真实的或想象的东西；语言甚至可以描述自身。

（五）语言的文化传递性

语言的文化传递性指语言系统必须通过学习才能获得。尽管人类语言能力需要一定的生物基础，但语言不以生物基因方式传递。人们学习语言是文化现象而不是生物现象。

三、语言的结构

语言是一个有着严密的结构组织的复杂的符号系统。所谓系统，就是由若干相互联系的元素组成的、具有特定整体功能的集合体。系统的两个最主要的特点是系统内部元素之间的联系性以及系统外部功能的整体性。语言作为一个复杂的符号系统，其内部元素（语言单位）之间有着复杂而密切的联系，构成了语言的层级结构体系，即语言系统又有自己特定的外部功能——传递信息，而语言系统的这种传递信息的整体功能又取决于语言的不同层面。

语言作为一个复杂的符号系统，从其内部结构来看，可分成四个大的子系统：语音系统、语义系统、语汇系统、语法系统。这四个子系统之间既相互区别，又相互联系，充分体现了语言这个复杂的符号系统的特殊性。

（一）语音

语音一般是由人的发音器官发出的表达一定意义的声音，是语言符号的物质形式。发音器官的活动部位和活动方式的不同，决定了语音的不同性质。这种性质是语音的生理性质。语音发出以后，同自然界的其他声音一样，表现为声波。声波具有各种声学性质。语音的生理性质和声学性质，都属于自然性质。语音作为语言符号的形式，其功能是区分不同的语言符号。而某种语音如何区分不同的语言符号，不仅仅取决于语音的生理性质和声学性质，更主要的是取决于语言使用者的社会环境。所以，语音的这种区分不同语言符号的功能，就是语音的社会性质，或者说社会功能。

（二）语汇

语汇，又叫词汇，是词语的总汇，即语言符号的聚合体。语言符号包括语素、词和固定短语。语汇所指范围有大有小，最大范围是指一种语言系统中的全部词语，如汉语语汇、英语语汇等；语汇也可指一种语言或方言中某个历史时期的词语的聚合体，如现代汉语语汇、中古英语语汇、北京话语汇等；语汇有时还指某个作家、某部作品、某个学科或某种性质的词语的聚合体。如鲁迅的语汇、《红楼梦》的语汇、计算机语汇、常用语汇等。语汇是个集合概念，不能指个别词语。

（三）语义

语义就是语言的意义，是语言形式所表达的内容。语义是客观事物现象在人们头脑中的反映，即人们对客观事物现象的认识，这种认识用语言形式表现出来，就是语义。因此，语义与客观世界、主观世界、语言世界都有密切的联系。语义是语言系统中最复杂的要素，有多种多样的性质，也有多种多样的类型。

（四）语法

语法就是语言的结构规则，即词语的组合规则。哪些词语能相互组合，哪些词语不能组合；哪些词语能以这种方式组合，哪些词语能以那种方式组合；词语在组合时，形式是否要发生变化，又要怎样变化，都有一定的规则，这些规则就是语法。

四、语言的功能

（一）信息功能

语言反映思维的内容，记载、记录信息，为表达内容服务，内容是说话者自我意识的内部世界。语言是思维的工具，人们往往觉得有必要大声讲出他们的思想，能够用语言记录事实是社会发展的前提。所以它是语言最基本的功能。

（二）人际功能

人际功能是语言最重要的社会功能，人们以此建立并维持在社会中的身份地位。功能语法框架中的人际功能注重说话人和受话人的相互关系，以及在话语中表达的态度，即表明交际双方亲密程度的语气及称呼上的用词等。

人际功能是一个涵盖非常广阔的范畴。主要包括组合功能、施为功能、情感功能和娱乐性功能等。

语言的组合功能指既成语言，按其语法规则组成的规范的语句。语言组合是语言交际功能的基础。任何一种语言都有其规范语言的语法规则。只有按其语法规则，择词造句，才能算是规范的语言，才能具有语言功能，否则，会使人产生误解，甚至不知所云。

语言的施为功能，即行事功能，指在正式场合中使用的仪式化的语言，其结果可能改变受话者的命运、社会地位等。例如，婚礼、宣判、祈福等场合中持有话语权的人所说的施为性语言。

语言的情感功能既可以体现为改变受话者情感的表达，如赞扬、责骂等，也可以是说话者自我情感的表达，如表示懊恼、愤怒或感叹等。

语言的娱乐功能指利用语言的音、义、节奏等进行游戏性质的表达和创作，如绕口令、儿歌、诗歌等，以语言的精妙与美丽来进行娱乐。

（三）元语言功能

语言学研究语言，同时用语言记载和描述研究的过程和成果，语言的这一功能叫作元语言功能。比如，可以用“书”指代一本书，也可以用“书”这个词来指代“书”这个词本身。这使语言具有无限的自我反身性：人类可以谈论“说话”，也可以思考“思考”。所以只有人类才能提问：“元语言功能对交际、思考及人类的意义是什么？”

第二节　文化

一、文化的内涵

文化（culture）是一个内涵丰富而又复杂的概念，是几个世纪以来最富争议、最难达成共识的术语之一。

从简练而抽象的涉及人类精神文化和物质文化的所有产物，到具体涉及人类知识、经验、信仰、价值观念、态度、行为、宇宙观、时间观等方方面面，文化的定义难以尽数。理解文化的内涵对于英语翻译教学意义重大，文化涵盖的内容可以作为教学内容渗透于语言教学之中，实现以培养语言应用技能为目的，以跨文化交际知识为内容的教学要求。

二、文化的特征

文化是人创造的，与人本身和人的活动有关，这就决定文化具有传承性、符号性、人为性、变化性等特征。

（一）文化的传承性

文化是一个群体所共享的信息集合，人们获得这些信息的方式不是通过遗传基因，而是通过后天习得或学习。文化是人类在发展过程中为满足某种需要创造出来的，为人群所共享，并通过群体传播和继承，正因为文化可传承所以可积累。人们在社会化过程中获得文化知识，学习对象可能是父母、其他家庭成员或任何人，获得文化知识的方式可以是正式的途径，如接受学校教育，也可以是非正式途径，如日常生活中的观察、经验、阅读等。

（二）文化的符号性

语言、文字、图形等都是通过符号来表示和表达，人们运用具体的符号表示具体事物或抽象概念。符号是任意的，从形态到意义在不同文化中差别很大。以语言为例，语言是文化的构成因素之一，语言的符号性特征最为明显。语言的多样性，不同的语音、形态等语言要素体现了符号的任意性特征，如汉语中“猫”，在英语中是“cat”，法语中是“chat”，日语中是“Neiko”，西班牙语中是“Cato”，德语中是“Katze”，俄语中是“Koska”。图形符号在不同的文化中意义迥异，如六角星在一种文化中可以代表神圣，在另外一种文化中则可能代表异教和对神灵的亵渎。

（三）文化的人为性

与文化相对的词汇是自然。自然的造物不是文化，经过人类改造和创造的自然物，如园林、假山、盆景等，是文化产物。就生理现象而言，如吃、喝、睡等，人类似乎与动物有相似性，但事实并非如此。文化影响了这些行为，例如吃（喝）什么、怎么吃（喝）、何时吃（喝）、睡在哪里、何时睡、怎样睡等。饮食文化一词体现了人们对“吃”这种行为的看法，即“吃”是一种文化。“吃”超出了生理需要本身，引申为一种符号，满足人们的某种心理需要。例如在中国，春节要吃饺子，“饺子”是“交子”的谐音，意思是新旧更替；除夕吃鱼，取“余”的谐音，意思是年年有余，是一种祝愿和愿望。

（四）文化的变化性

文化是人类满足自身需求的结果，有适应性调节的变化性特征。从历时角度看，文化是变化的，政治、经济的发展以及外来文化的冲击使各时期的文化发生变化。例如“楚王爱细腰，宫中多饿死”，而到了杨玉环受宠的唐代，丰腴则成了评判美女的标准。从共时性角度来看，文化变化的原因可以是技术的发展和新发明的出现，如飞机和火车改变了人们的交通方式，使人口流动更加容易；电话、电视、电脑、互联网的出现改变了人们的思维方式和行为方式，也可以是文化间相互融合的结果。全球化进程加快，为了便于交际人们需要统一的规则，如法律等，各民族文化在相互借鉴、学习的过程当中改变了原有的文化模式。

文化是人类活动的结果，为一个群体所共有。人类的共性使不同的文化模式具有共同的特征，共同特征的存在使我们能够学习、研究、比较文化。

三、文化的分类

通常情况下，文化研究者往往根据各自不同的视角，对文化作出不同的分类。

（一）根据文化的结构和范畴划分

1．广义的文化

广义地说，文化指的是人类在社会历史发展过程中所创造的物质和精神财富的总和。它包括物质文化、制度文化和心理文化三个方面。物质文化是指人类创造的种种物质文明，包括交通工具、服饰、日常用品等，是一种可见的显性文化；制度文化和心理文化分别指生活制度、家庭制度、社会制度以及思维方式、审美情趣等，它们属于不可见的隐性文化，包括文学、哲学、政治等方面。

2．狭义的文化

狭义的文化是指人们普遍的社会习惯，如衣食住行、风俗习惯、生活方式、行为规范等。

（二）根据文化的内部结构划分

1. 物态文化

物态文化，又称物质文化，是人类的物质生产活动方式和产品的总和，是可触知的具有物质实体的文化事物，包括饮食文化、服饰文化、园林文化等。它以满足人类生存发展所必需的衣、食、住、行一类条件为目标，直接反映人与自然的关系，反映人类对自然的认识、利用和改造的程度与结果，反映社会生产力的发展水平，是一种可以感知的、具有物态实体的文化事物，是人类从事一切文化创造的基础。

2. 制度文化

制度文化是人类在社会实践中组建的各种社会行为规范所构成的制度文化层，是人类处理个体与他人、个体与群体关系的文化产物，包括社会经济制度、婚姻制度、家庭制度、政治制度等。人是社会化的动物，社会活动要求人处理好人与人、人与社会的关系，否则，社会就会陷入无序。制度文化是解决与规范、协调人与人之间行为的文化，具有很强的调适性，因此，制度文化又称为调适文化。

3. 行为文化

行为文化是人际交往中约定俗成的习惯性定势构成的行为文化层，它是以礼俗、民俗、风俗等形态出现的，见之于日常生活中，具有鲜明民族特性和地域特性的行为模式。一定的行为文化又是一定的精神文化，尤其是观念文化在人们社会实践中的反映。

4. 心态文化

心态文化也称精神文化，是人类在社会意识活动中孕育出来的价值观念、审美情趣、思维方式等主观因素构成的心态文化层，是文化的核心。具体来说，精神文化又可进一步区分为社会心理和社会意识形态两个部分。社会心理指人们日常的精神状态和思想面貌，是尚未经过理论加工和艺术升华的流行的大众心态，包括人们的情绪、愿望和要求等。社会意识形态是指经过系统加工的社会意识，往往是由文化专家对社会心理进行理论归纳、逻辑整理、艺术升华，并以著作或作品等物化形态固定下来，流行传播，垂于后世的。

总之，物质文化是人类在适应自然的同时，改造自然、征服自然的成果，反映的是人与自然的关系；制度文化和行为文化是人在建立社会、推动社会发展过程中的创造及其行为的自觉，反映的是人与社会的关系；精神文化是人在自身发展的历史过程中主体意识的自觉及其精神创造能力的成果，反映的是人与自我的关系。

文化分类的实质是文化成分或构成文化的要素的分类。文化的构成比较复杂，既包括可见实体又包括抽象概念，这导致了文化分类方式的多样性。从语言教学角度出发，文化的构成决定了语言的教学内容，外语学习者既要掌握其目的语言文化的内核，如世界观、价值观等内容，还要掌握其日常的行为习惯、风俗传统。

文化与人类的生产与生活相互交织。服务于生产、生活的语言翻译，自然离不开文化。作为一种跨文化交际活动，翻译活动中可能涉及世界各地文化，包括世界各地人们生产、生活的各种物质和精神结果，如生产工具、饮食、服饰、家居、建筑、雕塑、人文景观、手工艺、绘画、舞蹈、音乐、体育、娱乐、思维方式、价值观念、伦理道德、法律法规、典章制度、风俗习惯、礼仪、科技、教育、文学、哲学、历史等。

四、主流文化与亚文化

一种文化系统的内部往往呈现出多姿多彩的姿态。在中国，正如东、西、南、北的口味各异一样，各地的民风、习俗亦有差异。说起上海人，令人想到他们的新潮、精明以及生活在大都会的优越感等特征；提到东北人，给人的印象是豪爽、不拘小节、乐于助人。以京剧为代表的绚丽多彩的地方戏曲，小孩子们盼望过年得压岁钱，每天清晨在绿地、公园内打太极拳、练气功的人们的身影，这些无一不是中华大地上的一道道风景线。至于各民族，其生活、习俗更是独具特色。但是，如果把中华文化这个大系统称为主流文化（mainstream culture），那么，地方性的、个别群体的、一些民族的文化则称作亚文化（sub－culture）。亚文化虽然与主流文化区别开来，但是它仍然是一个价值观、态度、行为模式、生活方式的体系。

亚文化按地区特性和社会特性分为两类。中国的京派文化、海派文化、岭南文化是典型的按地区特性划分的亚文化。它们都有各自独特的方言、价值观以及风俗习惯等，但是，它们都是中国文化这个主流文化的一个分支，都离不开这个母体。随着当代传媒的日益普及以及影响扩大、交通日益发达、人口流动日益增加、教育的普及等，地区之间的相互交融愈加频繁，加剧了亚文化之间的交融与整合，在这种情况下要保持地区性亚文化的特性，就变得非常困难了。

按社会特性划分的亚文化，有性别、年龄、社会阶层、职业等文化特性。例如，男性文化和女性文化、青年文化和老年文化、城市文化和农村文化等是这一类亚文化的代表。

严格说来，虽然亚文化之间的交际也是一种跨文化交际，但是，目前国内跨文化交际研究的对象主要是主流文化之间的交际。

第三节　语言与文化

一、语言与文化之间的关系

（一）语言是一个本身具有文化价值的符号系统

众所周知，语言是一种社会文化现象，是社会文化发展的产物。任何语言的生存发展都离不开其赖以生长的社会文化环境。

语言及其他交际系统是文化的一个成分或层次。显然，语言不可与文化等同起来。除了语言之外，文化还包括若干成分或层次。从这个角度来看，语言与文化的关系是部分与整体的关系。我们不知道语言与文化何时产生，但可以想象它们一定是同时产生的。可以说，语言本身是一个具有文化价值的符号系统。

一定的语言总是历史地和一定文化相关联，语言是相关文化（尤其是文学）的关键。各种语言本身只能在语言所处的文化背景中才能被充分认识，语言和文化总是被一起研究的。使用者通过语言的使用来识别自己和他人，他们也把语言看作是从属于某个社会团体的一个标志。对一种语言的禁用往往被其使用者看作是对其文化的否定。因此，可以说语言象征着文化现实。

（二）语言反映文化

语言是一种符号，通过记录、表达人们的认识、思维、交际，参与文化的形成。语言是文化的载体和容器，人们的知识与经验可以用语言来描述和储存。人们的生活习俗、行为模式可以用语言来描述和分析；社会制度、价值观念、信念、世界观可以用语言来描述、分析、评价；甚至像绘画、雕塑、舞蹈这样的视觉艺术及音乐、歌曲这样的听觉艺术也可以用语言来描述和评价。人们谈话时参照的是他们共同的经历，他们之所以能够彼此理解，是因为他们拥有共同的知识库。另外，人们所说的话也体现了他们的态度、信仰、观点等。可见，语言不仅是文化的记录者，还是文化的创造者。

诚然，文化可以以物质的形式存在。但这里所说的物质是指融入了人的智慧、技能、合作与劳动的物质。任何这样的物质的生产与使用都离不开作为交际媒介的语言。生产离不开合作，合作离不开语言。物质产品的使用也离不开语言，产品的使用说明书都是用语言写成的。语言之所以能成为文化的载体和容器是由语言的特性所决定的。语言是文化中的一个特殊成分。它可以描绘、叙述、说明、分析、评价文化的任一成分，包括语言自己。我们都知道我们可以用语言来描述、说明、分析语言。同一团体或社群的成员不仅交流他们的经历，也通过语言创造经历。他们选择一些物质媒介，比如电话、写信或发邮件等方式，通过语气、表情、手势等语言或非语言的手段赋予所创造的经历以意义，从而使之能够被其群体接受。从这个意义上说语言是文化的镜子。

语言是我们从事社会活动要借助的主要方式，置之于交际背景之中，它以各种方式与文化紧密地联系在一起。语言的文化反映主要表现在以下几点。

1. 语言反映生存环境

文化的形成脱离不了自然地理环境的影响，特定的地理环境造就了特定文化，特定文化反映在语言中形成特定的表达。正如爱斯基摩语中有数量众多的关于雪的词汇一样，山地文化或畜牧文化中的自然生活环境和生活方式以及物质文明在其语言中都有所体现。

2. 语言反映风俗习惯

风俗习惯是一种社会文化现象，是社会群体经过长期的共同生活而共同创造、共同遵守的生活习惯和行为习惯。汉语中“礼尚往来”“先来后到”“人敬我一尺，我敬人一丈”等表现出中国人的处事态度和行为习惯。英语习语“let one’s hair down”意思是放松，来自英国早期的习俗：妇女不管在什么场合中，头发都得往上梳理整齐，只有单独一人时才能把头发放下来，所以“把头发放下来”意思是放松一下。中世纪英国生活习俗中习惯把盐罐子放在长方形餐桌的中间，贵宾一般坐在盐罐子的上首，一般客人或随从坐在下首，因此“above the salt”意思是“处于受尊敬的地位”，而“below the salt”意思是“处于无足轻重的地位”。

（三）语言影响文化

在语言与文化的关系上，语言并非只是被动地接受文化的影响与制约，它也对文化施加影响。如果我们想使用另外一种语言来交流，不仅需要了解其符号，也需要了解使用这些符号的规则。但是，这两点仍然不够，因为语言同时影响着人们认识自然环境和社会环境的过程。语言，对于个人感知和理解这个世界具有主要的影响。

对这一观点表示强烈支持的是“萨丕尔—沃尔夫假说”（Sapir－Whorf Hypothesis）。“萨丕尔—沃尔夫假说”是20世纪50年代，在美国人类学家、语言学家萨丕尔（Edward Sapir）和他的学生沃尔夫（Benjamin Lee Whorf）过世后，一些语言学家为概括其相关理论而提出的一个命题。该假说包括两个基本观点：

第一，语言决定论，即语言决定思维、信念、态度等。语言不同的民族，其思维方式完全不同。这是该假说的强式表述或观点。

第二，语言相对论，即语言反映思维、信念、态度等。换言之，思维相对于语言，思维模式随着语言的不同而不同。语言影响思维，语言不同的民族，其思维方式在一定程度上有差异。

“萨丕尔—沃尔夫假说”在人类学、社会学、哲学、心理学、语言学等一系列人文科学研究中产生了巨大的影响，引起了激烈的争辩。语言影响思维，语言不同意味着说话者感知的世界也同样存在差别。随着语言学、语言文化学研究的发展，“萨丕尔—沃尔夫假说”被新的理论推翻，但是仍然反映出语言与文化的紧密联系。

对这一点，美国结构主义语言学家霍凯特（Hockett，1958）谈得最为透彻。他说：“语言的差别不在于能说什么，而在于说什么要相对容易些。”我们知道所有的语言都可以用来表达语言使用者想要表达的任何东西，但某些语言可能更适合表达某些概念。例如，英汉语都可以表达亲属关系，但汉语表达亲属关系更便利，因为汉语中有更多的亲属关系词。在我国传统社会里，家族关系有着重要地位。典型的家庭模式是“大家庭”（extended family），祖父母、父母和已成亲并各有小家庭的儿子们都住在一起，需要较多的亲属关系词来称谓不同亲属。反过来，这众多的亲属关系词又潜移默化地突出、强化着汉语使用者的家族观念。这就是霍凯特要表达的含义。一种语言由于能够比较容易地表达某些事物与概念，就可以突出它们，使它们更多地引起人们的关注，从而强化这些事物与概念。这是语言影响文化的主要方式。

二、文化的语言表达与思维密切相关

（一）人类主要的思维模式

人类因经历不同而在具体思维方式，如形象、抽象、逻辑思维，特别是宏观思维模式上，有些差异。

1. 普遍思维（Universalistic reasoning）

它强调总体概念或普通特性具有独立于具体组成部分的现实。确定事物发展之最佳方式，是先了解普通情况下的状态，再确定具体部分对总规划的特殊性。该模式以法国人为代表。

2. 形式思维（Norminalistic reasoning）

它否定总概念具有本身的现实，它只是为创造一种理想模式而臆想出的名称。推理应从具体到总体，任何纯推理行为只能产生一种假设，这种假设须经具体经验证明。该模式以美国人为代表。

3. 直觉思维（Intuitional reasoning）

它强调直觉而不是系统认识。它忽略前两种思维间的某些基本对立。它认为群体和各部分之间的关系，可比作生物有机体与其细胞之间的关系。该模式存在于德国、南斯拉夫等中欧国家。

4. 辩证思维（Dialectic reasoning）

它源自黑格尔辩证法，相信通过推理充分了解宇宙的可能性。对事物变化的了解不能靠头脑中僵死的规则，事物发展取决于对立物的相互作用。该模式存在于社会主义国家。

（二）不同思维模式下的文化语言表达

民族的语言表达与其思维方式有关系，在国际交往中应值得注意。近几十年来，语言学界对此展开了多方面（其中尤其是心理方面）的研究。人们发现，作为表露思想和传递感情主要手段的语言，在组织和表达方式上，取决于民族的思维方式。同是说明一种事物，各民族往往采用不同路子、不同逻辑安排语言结构。拿词序作比，英语和汉语是主谓宾（SVO），日文和德语是主宾谓（SOV），希伯来语和威尔士语是谓主宾（VSO），而马达加斯加语却是谓宾主（VOS）。思维方式的不同，是个繁杂问题，涉及民族心理、观念、哲学等因素，与文化不无关系。美国著名心理学家沃尔夫（L. B. Whorf）在谈及语言相对论（Linguistic Relativity）时说：一种语言既体现，又造就了一种世界观。说一种语言的人约定以某种方式认识和思考世界，即使对同一现实（物质的或社会的），人们也是通过特定思维模式选择词语和安排结构加以表达。

语言表达还反映在对事物的分类（classification）上。美国语言学家萨罗门（Louis B. Salomon）在《语义学与常识》（Semantics and Common Sense）一书中说："言语习惯和分类过程之间的相互作用是专门学问。"他指出，"如果说某种语言的人，除对有名称的类型外，不承认任何其他类型（categories），就可断定各语言社区对世界的看法不一。"如不同民族对亲属的分类也不尽相同，德语Geschwister一词在英语中就无对应词，只能用brothers和sisters代替；瑞典语farbror和mormor分别表示叔父和外祖母，而英语中父系和母系统称uncles和grandmother。萨罗门认为，对某种类型缺乏合适的名称的现象，可能说明该种类思考和言谈中无大必要用符号固定下来。言外之意，事物的语言分类在思考过程将要取决于人们的社会需要。分得粗与细的确不反映民族间思维与表达能力或分类和概括能力上的差异，所要说明的，除语言的习惯外，就是人们在交际中对某事物的命名是否有要求。

三、文化差异对语言学习的影响

掌握一种文化之最直接有效方式，就是学习那种语言，但要学的应不止那种约定俗成的符号，而是通过它逐步熟悉民族文化的全部内涵。夸德尔说得很透彻：儿童在很大程度上，但不是全部地通过该社会语言来掌握我们称为文化的各种态度、价值和行为方式。学习这些东西的过程可称之为社会化（Socialization）。这种社会化过程要通过语言，但也要通过家庭、学校和社会真实生活来实现。为此，可以说，语言在个人和文化之间起调节作用。

每个民族都有自己的文化。这种文化是在特定自然环境、历史条件、地理位置和社会现实中形成的，因此具有特殊性。要掌握一种语言就要熟悉其背后的文化特殊性，就要洞察本族文化与他民族文化的差异。人们常说的语言障碍（Language Barriers）就是指这种文化间的差异。

而且，与使用不同文化语言的人们进行较好的沟通和了解是学习一门语言的出发点，也是落脚点。然而，内容最多、最复杂、最难以参透的是目标语言国家的文化。因此，对学习外语人员来说，Cultural Shock 是常有的事。

瑞士著名语言学家、结构语言学派鼻祖索绪尔（Saussure）说：（词义乃）被命名的事物或概念与名称本身的关系。自然，这种关系要通过具体语言系统加以实现，其过程固然须借助语言自身机制——词汇、语法、语调、上下文等，但就交际中的理解而言，更为重要的是依靠语言赖以生存的社会环境和人类从其活动中积累的经验和形成的意识。词义之所以是多层次（hierarchy of content），在于词不仅是现实的象征符号（symbolic code），而且也浸透着人对现实的感受、观念和看法。这就是说，词既反映了客观事物，又会引发说话者对所指事物的感情和态度。

词义是个多层次的混合体，它不仅包含着表义（denotational meaning）或词典义（dictionary meaning）、语法意义（grammatical meaning）（如人称、时态、性、数、格等）、上下文限定义（contextual meaning）、文体意义（stylistic meaning），而且也涉及与物质环境、社会背景和文化传统相关的联想（association）和感情内涵（emotive implication）。表义、语法义、限定义和文体义一般在交际中并不构成严重障碍和困难。引起麻烦的、令语言学家望而却步的是环境、历史、风土人情和传统习俗等方面的文化内涵（cultural implication）或民族色彩（national colouring）。

第二章　英语翻译研究概述

第一节　翻译理论研究

一、中国翻译理论研究

（一）中国古代翻译理论研究

中国的翻译活动可追溯至春秋战国时期，当时的翻译活动主要限于诸侯国之间的相互交往，所以这种翻译还谈不上是语际翻译。在中国翻译史上，真正的语际翻译当属佛经翻译。佛经翻译历经千年，涌现了一大批杰出的翻译人员，他们译出的佛教经卷数以万计，为佛教在中国的传播以及丰富中国的语言、文化做出了不可磨灭的贡献。同时，不少译经人在佛经翻译过程中总结出了翻译心得，其中有一些人的理论已具备理论的雏形，如支谦、道安、鸠摩罗什、彦琮、玄奘、赞宁。在这些人之后，明末清初也有一些翻译理论家提出了比较著名的翻译观点，如徐光启和魏象乾。下面进行具体介绍。

1. 支谦的翻译理论

支谦是三国时期主要的佛经翻译家，他在《法句经序》中论述了自己的主要观点："唯昔蓝调、安侯世高、都尉、佛调，译梵为秦，审得其体……因循本旨，不加文饰，译所不解，则阙不传……然此，虽辞朴而旨深，文约而义博，事钩众经，章有本故，句有义说。"对这一观点的意思分析如下。

①"唯昔蓝调、安侯世高、都尉、佛调，译梵为秦，审得其体"是支谦对前人翻译的客观总结。

②"因循本旨，不加文饰"是支谦所倡导的一种翻译原则或翻译方法。

③"译所不解，则阙不传"是支谦制定的一种权宜策略。

④"然此，虽辞朴而旨深，文约而义博，事钩众经，章有本故，句有义说"

是支谦对译文结构进行的层次上的评析。

此外，支谦提出了当时译者所面临的两大难题：一是“或得梵语，或以义出音”；二是“名物不同，传实不易”。前者是关于译音和译义的问题，后者则是关于名物概念的翻译问题。可见，支谦意识到了本质与现象、内容与形式的统一问题，而且他把“本旨”“文饰”作为相对的概念来讨论翻译理论，加深了人们对翻译的认识。

2. 道安的翻译理论

道安是东晋、前秦时期主要的佛经翻译人，他在总结前人经验和同时代其他佛经翻译者见解的基础上，结合自己的翻译实践，在《摩诃钵罗若波罗蜜经抄序》中提出了著名的“五失本，三不易”理论。

(1)“五失本”

“五失本”是指梵文佛经翻译时容易失去原文本来面目的五个方面，具体内容如下：“译梵为秦，有五失本也。一者，梵语尽倒，而使从秦，一失本也。二者，梵经尚质，秦人好文，传可众心，非文不合，斯二失本也。三者，梵语委悉，至于叹咏，叮咛反复，或三或四，不嫌其烦，而今裁斥，三失本也。四者，梵有义记，正似乱辞，寻说向语，文无以异，或千、五百，刈而不存，四失本也。五者，事已全成，将更傍及，反腾前辞，已乃后说，而悉除此，五失本也。”

①“一失本”：梵文词序与汉文词序不同，汉译时必须改变词序，导致译文失去原文的内容。

②“二失本”：梵文质朴，汉文华藻，为使读者满意，附庸习惯，译文不得不做些修饰，致使译文不完全符合原文内容。

③“三失本”：梵语佛经中同一个意思的词句往往反复，译成汉文时不得不删除一些，导致译文与原文不一致。

④“四失本”：梵文佛经每逢结尾之处，必做小结，将前面的话简述一遍，译成汉文时做必要的删减，使译文与原文在内容上出现不一致的情况。

⑤“五失本”：梵文佛经每论全文之后，往往要纵横牵扯，汉译时必须删除，使译文失去了原文的一些内容。

道安的“五失本”是他通过比较研究而总结列举出的梵、汉两种语言之间的五对矛盾（内容形式、原文译文、文体类型、语言风格、文辞文法）。至于这五对矛盾的解决方法或者能不能解决，道安则没有进一步阐述。

(2)“三不易”

“三不易”是指翻译梵文佛经时有三种情况不容易处理。具体指：“然般若经，三达之心，复面所演，圣必因时，时俗有易，而删雅古，以适今时，一不易也；愚智天隔，圣人叵阶，乃欲以千岁之上微言，传使合百王之下末俗，二不易也；阿难出经，去佛未久，尊者大迦叶令五百六通，迭察迭书，今离千年，而以近意量裁，彼阿罗汉乃兢兢若此，此生死人而平平若此，岂将不知法者勇乎，斯三不易也。”

①“一不易”：过去和现在不一样，要把过去的情况用现在的情形译出来，不容易。

②“二不易”：后人要完全理解古代圣贤深邃的思想，不容易。

③“三不易”：释迦牟尼死后，弟子阿难造经非常慎重，现在要普通人来译，不容易。

综上可知，道安的主要贡献在于对汉、梵两种语言进行了比较研究，并涉及原文、译文、读者之间的关系，对翻译实践进行了较为系统的规律性总结，摆出了问题，为后继者指明了努力的方向，提供了继续研究的线索。

3. 鸠摩罗什的翻译理论

鸠摩罗什是天竺（古代中国对印度及其他印度次大陆国家的统称）人，东晋、后秦时来华，译经300多卷，一改过去音译的缺点，主张意译，并倡导译者署名。他的译著有《天然西域之语趣》，忠于原文，译文妙趣盎然，为我国的翻译文学奠定了基础。鸠摩罗什没有正面提出译论，他的观点散见于一些论述中。

鸠摩罗什从佛经文体出发，力图在译经文体上有所改进，使其既通俗化又富有优美的文学色彩，同时保留原文的风姿。在文质问题上，他主张只要不违背原意，则不必拘泥于原文形式，在存真原则的指导下可以“依实出华”，达到辞旨婉约、自然流畅、声韵俱佳的效果。此外，对于译名的问题，他也提出了自己的观点：对于那些难以在汉语中找到对应的梵语可以采用音译法。例如，人名、神名和一些不翻译的专用名词，他一般都采用音译。一方面，这避免了不同音译所造成的牵强附会；另一方面，恰当的音译丰富了汉语的词汇，同时使译文保留了一些异国色彩，增加了文辞的美感。

4. 彦琮的翻译理论

彦琮是隋代一位有影响的翻译家，他翻译过很多佛经，其主要观点是“八备”说，是指做好佛经翻译必须具备的八项条件：诚心爱法，志愿益人，不惮久时；将践觉场，先牢戒足，不染讥恶；筌晓三藏，义贯两乘，不苦暗滞；旁涉坟史，工缀典词，不过鲁拙；襟抱平恕，器量虚融，不好专执；耽于道术，淡于名利，不欲高衒；要识梵言，方闲正学，不坠彼学；薄阅苍雅，粗谙篆隶，不昧此文。

通俗来讲，佛经翻译人员应该具备以下条件。

①诚心爱法，立志为人奉献，不怕耗时、费力。

②品行端正，忠实可信。

③博览佛经，通达义旨。

④涉猎中国经史，擅长文学，精于辞藻，笔锋达意。

⑤度量宽和，虚心求教。

⑥深爱道术，不喜名利，不出风头。

⑦精通梵语，熟悉译法，不失原义。

⑧兼通中国训话，使译文不失准确。

上述条件中，第①点、第②点、第⑤点和第⑥点是关于翻译主体的人格修养，第③点、第④点、第⑦点和第⑧点是关于翻译主体的学识修养，即译者所具备的理解能力、表达能力以及掌握两种语言的水平。在文与质的问题上，彦琮在《辩证论》中提出“宁贵朴而近理，不用巧而背源”的原则，坚持忠实第一。

5. 玄奘的翻译理论

玄奘是唐代佛经翻译的代表人物。他的翻译著作很多，但关于其译论的资料很少。后人总结出他的翻译思想为“既须求真，又须喻俗”。玄奘的佛经译文既忠于原文，又注重文体风格，是文质结合的典范。

(1)“五不翻”原则

玄奘提出了“五不翻”原则，这里的“不翻”实际上就是采用音译。

①秘密故不翻。意思是说，具有神秘色彩的词语不用意译，而应采用音译。佛经中有大量的“秘密”，如咒语。这些秘密咒语具有神秘莫测的特点，通过念诵的声音形式体现其神秘之处，因此宜采用音译方式。

②多含故不翻。意思是说，具有多种含义的词语不用意译，而应采用音译。佛教经典中有些词语含义非常丰富，而汉语中找不到与之完全对应的词语，如果使用其中一个含义的词语，则会造成信息与意义缺失。例如，梵语“bhagavat”一词具有六种意义：自在、炽盛、端严、名称、吉祥、尊贵。但汉语里不存在同时包含这六种意义的对应词汇，如果采取意译，在一定的语境中只能译出其中的一个意义，因此只能音译为“薄伽梵”。

③此无故不翻。意思是说，目的语文化中没有的词语不用意译，而应采用音译。例如，“阎浮树”又名“胜金树”，只产于印度等地，中国没有这种树，所以采用音译。

④顺古故不翻。意思是说，对以前已经存在并广泛使用的约定俗成的音译词语不用意译，而应遵循习惯沿袭其原有的音译。

⑤生善故不翻。意思是说，有些词语用音译能令人生尊重之念，否则容易等闲视之，所以对这类词语不用意译，而应采用音译。例如，“般若”跟汉语里的“智慧”意思差不多，但有着轻重之分。所谓般若不是普通的智慧，是指能够了解道、悟道、修证、了脱生死、超凡入圣的智慧。这不是普通的聪明，是属于道体上根本的智慧。这不是用思想得到的，而是身心两方面整个投入求证到的智慧。因此，音译为“般若”显示出对佛经的尊重、敬仰，而意译为“智慧”则显得轻浅世俗。

简而言之，这五种原则比较全面地回答了支谦的“名物不同，传实不易”的问题。

（2）翻译技巧

在翻译实践中，玄奘主要运用了六种技巧。

①补充法（增词法）。

②省略法（减词法）。

③变位法（根据需要调整句序或词序）。

④分合法（分译法和合译法）。

⑤译名假借法（用另一种译名来改译常用的专门术语）。

⑥代词还原法（把原来的代名词译成代名词所代的名词）。

6．赞宁的翻译理论

宋初的赞宁是千年佛经翻译的总结者。他有关翻译的论述集中在《译经篇》

后附的“系”和“论”里，这些文字较为系统地论述了翻译的性质，简要回顾了此前的翻译史，总结了前人的翻译活动、经验以及方法和理论，并提出了自己的观点。

就翻译的性质与定义，赞宁明确指出：“译之言易也，谓以所有易所无也。”也就是说，翻译就是对原文的一种改变。他还提出：“懿乎东汉，始译《四十二章经》，复加之为‘翻’也。‘翻’也者，如翻锦绮，背面俱花，但其花有左右不同耳。由是‘翻译’二名行焉。”他把翻译中的文本内容比作绣花的图案，原文与译文则是图案的正反两面，即二者内容相同，只是正反的“花”（形式）有所不同。

（1）翻译方法

赞宁在翻译方法上提出“六例”说：“今立新意，成六例焉。谓译字译音为一例，胡语梵言为一例，重译直译为一例，粗言细语为一例，华言雅俗为一例，直语密语为一例也。”

①译字译音。赞宁提出了四种关于“译字和译音”的情况：译字不译音、译音不译字、音字俱译和音字俱不译。

②胡语梵言。赞宁从地理位置和语言构成两个方面指出了梵语与胡语之间的区别：“胡语梵言者，一在五天竺，纯梵语。二雪山之北是胡。……三亦胡亦梵……”他指出了人们思想认识上的两大误区：一是从东汉到隋朝，人们“皆指西天以为胡国”，所以有“译胡为秦”的说法；二是隋朝以后，人们又误以为西天为梵。当时的佛经既有梵语文本，又有胡语文本，甚至存在胡梵夹杂的文本，应加以区分。

③重译直译。直译即直接翻译，是指直接把梵文佛经翻译成汉语文本。需要注意的是，这里所说的直译并不是我们现在所说的与意译相对的直译。重译是我们现在所说的间接翻译或称“转译”，即把胡语佛经文本转译成汉语文本。

④粗言细语。根据赞宁的说法，佛经文辞有粗细之分。细语是典正言辞，粗言是“泛尔平语言辞”。赞宁区分了三种情况：一是粗言，是“五印度时俗之言”；二是细语，是译经大师们用汉语雅言译出的原文词语；三是亦粗亦细，是梵语佛经文本中既有粗言又有细语的混同状态。

⑤华言雅俗。具体指目的语——汉语的雅俗问题，即要译出原文的语言风

格。源语的俗语不能译成目的语的雅言，反之亦然。

⑥直语密语。直语是平时日常生活中所用的平白的话语，密语则是宗教中的神秘词语。“直”是指用较通俗的话直译，“密”是指用较隐秘的话意译。

（2）文体风格

在文体风格方面，赞宁认为佛经译文的语言风格应居雅俗之间，不应走极端，折中适时才是最恰当的。所谓折中，即译作文字要贴切、得当；所谓适时，即译文语言要合乎当时通行的风格，这样才能达到传达佛旨的目的。

7. 徐光启的翻译理论

徐光启是明末著名的科学家、政治家、翻译家，他翻译过《几何原本》《泰西水法》《灵言蠡勺》等，是将我国翻译的范围从宗教以及文学等扩大到自然科学领域的第一人。徐光启没有留下系统的翻译理论，但其散见于译书序言中的翻译思想对当时士大夫和传教士翻译科技著作的工作产生了积极的影响。他的翻译思想集中体现在以下三个方面。

①认识到翻译的重要性，他认为翻译是吸取他国长处的先决条件和手段。“欲求超胜，必须会通；会通之前，必须翻译。”这种拿来主义的翻译态度是十分宝贵的思想，放在当时的历史与文化语境下，显得弥足珍贵。

②提出翻译时要抓重点，抓“急需”。西方数学的严密理论和逻辑体系是其他学科的基础，因此应该将数学专著的翻译放在首位。

③他在《几何原本》译序和杂议中谈到翻译的目的是“以裨益民用”，即通过翻译来造福人民。

8. 魏象乾的翻译理论

魏象乾，汉族，雍正、乾隆时人。1739 年，他被任命为“实录馆兼内翻书房纂修”（御用的专业翻译工作者），专门从事汉译满（清文）工作，是雍正朝《清实录》名列第六位的满文翻译者。他对翻译原则、标准和初学翻译如何入门等问题颇有见地，并将汉满文字翻译经验总结为《翻清说》一文。该文仅一千六百字，属于内府刻本，共六页，却字字珠玑、寓意深刻，是我国最早的内部出版的翻译研究单篇专著。

在这篇短文中，他首先提出翻译的标准问题，认为好的翻译应该了解原文的意思，表达原文的措辞，保留原文的风格，传达原文的神韵，既不要增译，也不要删减，更不要颠倒原文顺序或断章取义，即“了其意，完其辞，顺其气，传其神，不增不减，不颠不倒，不恃取意”。其次，他认为当时汉译满诸书中，以《资治通鉴》和《四书注》“最为妥当，实得汉文之奥旨，清文之精蕴者”，可为初学者翻译之范本。他特别推崇《孟子》的满文译本。最后，他提出把汉语译成满文时要进行适当的增减。这篇短文既细致地谈论了翻译的技巧，又提出了关于翻译的宏观认识，是我国古代最为精辟的一篇翻译理论文章。

（二）中国近代翻译理论研究

1. 徐寿、傅兰雅的翻译理论

徐寿是洋务运动时期著名的化学家、科技翻译家，他与傅兰雅合译或自译西方书籍 13 种，代表作有《化学鉴原》《化学术数》《化学考质》等，并首创了一套化学元素的中文名称。傅兰雅结合自己丰富的翻译经验，提出了翻译应“不失原文要旨”“易于领会”的翻译标准。这一时期的翻译大家对翻译理论的最大贡献是对科技术语的统一工作，从译名统一的原则到科技术语词典的编纂都在翻译史上留下了宝贵的财富。傅兰雅、徐寿等人提出了著名的“译名七原则”。

①尽可能直译，而不意译。

②万一不能意译，则要用尽量适当的汉字音译，要建立音译体系，基本词素要固定，要用官话音译。

③新术语尽可能同汉语的固有形式构建相一致。

④译名要简练。

⑤译名要予以准确的定义。

⑥译名在各种场合都要符合原意，不致矛盾。

⑦译名要有灵活性。

“译名七原则”的提出对科技名词的翻译和外来科学技术的引入做出了巨大贡献，促进了中国翻译理论的形成；有力地驳斥了汉语难译科技书籍的说法，指出中国人也可以创造新词汇；倡导科技译名统一，并指定译名的具体规则，使有关地理、物理、化学、医学、数学等科学书籍译成，并广泛流传。

2. 马建忠的翻译理论

马建忠是洋务运动时期的语言学家，他关于翻译的论述主要见于其 1894 年写的《拟设翻译书院议》这篇文章中。他在文中明确指出了翻译对中国反抗外国欺侮，并最后战胜外敌的重大意义，以及创设翻译书院、展开翻译活动、培养翻译人才的紧迫性。在该文中，马建忠提出了“善译”翻译观：“夫译之为事难矣，译之将奈何？其平日冥心钩考，必先将所译者与所以译者两国之文字，深嗜笃好，字栉句比，以考彼此文字孳生之源，同异之故。所有相当之实义，委曲推究，务审其音声之高下，析其字句之繁简，尽其文体之变态，及其义理精深奥折之所由然。夫如是，则一书到手，经营反覆，确知其意旨之所在，而又摹写其神情，仿佛其语气，然后心悟神解。振笔而书，译成之文，适如其所译而止，而曾无毫发出入于其间，夫而后能使阅者所得之益，与观原文无异，是则为善译也已。”

这段话的意蕴非常丰富、全面，涉及语义学、语用学、文法学、修辞学。在马建忠看来，翻译是很难的事情，我们应该怎么翻译呢？平时在翻译训练中就应该培养自己对两种语言的浓厚兴趣，用心思考，一定要先将所要翻译的语言和用来翻译的语言进行仔细研究和比较，考察两种语言文字产生的渊源，领悟两种语言相同或相异的缘由。对两种语言相当的意义应加以反复推敲，务必探究其语调的高低，分析其字句的繁简，弄清其文体的变异，了解其内涵细微差异的由来。这样，拿到一本书必须反复阅读，掌握它的精神实质，并且揣摩出它的风格，体会到它的语气，才能消化、吸收，写起来得心应手，使译文和原文一模一样，没有丝毫的差别，读者能从中得到与看原文相同的收获，这样的翻译可称得上好翻译。

马建忠非常注重原文语言和文本，强调细致的文本分析，而且推崇翻译中的直译。他的“善译”理论与当代的翻译等值理论如出一辙，建构了中国近代重要译学理论的发展基础。

3. 林纾的翻译理论

林纾是我国近代翻译史上的翻译大师，也是中国文学翻译事业的先行者和奠基人，被公认为中国近代文学翻译的开山鼻祖。林纾不懂外语，但他仍然和朋友共同翻译了十几个国家的几十位作家的作品。林纾的翻译思想主要体现在以下几个方面。

(1) 翻译不易

林纾认为，翻译书籍需要抱有严谨、审慎的态度，要想翻译出好的作品，译者必须先了解原文所引用的历史典故、风俗文化、古籍旧说等知识，并了解源语和目的语之间的异同，在传递源语文化的同时，使译文符合目的语的表达习惯，这样才能达到理想的翻译效果。

（2）译文要忠实于原著

林纾在《黑奴吁天录》的例言中指出："是书为美人著。美人信教至笃，语多以教为宗。"林纾认为，译者在翻译外国作品时难免会对书中的内容产生异议，但翻译时仍需忠实于原文，将原文的特征、思想表现出来。

（3）译名统一

林纾在《中华大字典》的序言中阐述了自己对译名统一问题的看法，汉语中一个字只有一个含义，只有将一个一个的汉字联合起来才能成文。因此，在翻译英文时往往需要耗费大量汉字，再加上由于没有一定的名词，常会和英文原作相左。对此，林纾提出："由政府设局，制新名词，择其淳雅可与外国名词相通者，加以界说，以惠学者。"

4．鲁迅的翻译理论

鲁迅是我国著名的思想家、革命家、文学家、评论家。下面具体介绍鲁迅的翻译思想。

（1）翻译目的

鲁迅认为，翻译的目的有两个：为革命服务和供大家参考。鲁迅认为翻译一般的文章和作品是为了供大家参考，而翻译革命的文学作品、科学的文艺理论的目的则是要解剖自己、提高自己，帮助那些不甚了解革命理论却"以无产文学批评家自居的人"，帮助同一阵营里的文学工作者。总的来说，鲁迅认为翻译要"有用""有益"。

（2）以信为主，以顺为辅

鲁迅认为翻译应做到"信"和"顺"，并认为"信"是翻译工作中最重要的，译者应在保证"信"的同时，尽量使译文流畅通顺。

（3）以直译为主，以意译为辅

对于翻译的策略，鲁迅明确提出直译的主张，需要指出的是，鲁迅所提倡的直译是既要保存原文全部的思想内容，又要尽量保留原文的语言形式、风格等。

5．严复的翻译理论

严复是我国近代翻译史上学贯中西、划时代意义的翻译家，也是我国完整翻译标准的先驱者。严复吸收了中国古代佛经翻译思想的精髓，并结合自己的翻译实践经验，在《天演论》译例言里鲜明地提出了“信、达、雅”的翻译原则和标准。

①“信”是指忠实准确地传达原文的内容。

②“达”指译文通顺流畅。

③“雅”可解为译文有文采，文字典雅。

这条著名的“三字经”对后世的翻译理论和实践的影响很大，20世纪的中国译者深受这三个字影响。

（三）中国现代翻译理论研究

1. 胡适的翻译理论

胡适是我国现代著名学者、诗人、历史学家、文学家和哲学家。从1919年起，胡适陆续翻译了都德、莫泊桑、契诃夫等人的短篇小说，拜伦的长诗《哀希腊》，易卜生的剧本《娜拉》（与罗家伦合译）等西方著作。

胡适也是中国白话新诗翻译的领军人物。他认为，诗歌必须为贫民大众所理解和接受，因此翻译应该做到明白流畅。胡适的诗歌翻译无论在语言、格律还是意境上，都极大地促进了白话的开创和发展。

胡适用十分严肃认真的态度对待翻译。他认为写文章有两重责任：一是向自己负责；二是向读者负责。翻译文章有三重责任：一是要对原作者负责任，求不失原；二是要对读者负责任，求他们读懂；三是要对自己负责任，求不致自欺欺人。

他在《建设的文学革命论》中提出了翻译西洋文学名著时只译名家著作，不译第二流以下著作的看法。他还主张全用白话进行翻译。他的这两个观点在当时很有影响力，大大推动了白话文翻译的发展。

2. 郭沫若的翻译理论

郭沫若是我国现代著名的诗人、文学家、戏剧家和翻译家，其翻译理论主要表现在以下几个方面。

（1）风韵译理论

郭沫若在为田汉译《歌德诗中所表现的思想》一文的“附白”中指出：“诗的生命，全在它那种不可把握之风韵，所以我想译诗的手腕与直译意译之外，当得有种‘风韵译’。”“风韵译”理论不赞同移植或逐字逐句的翻译，而是强调“以诗译诗”，认为翻译的过程是两种文化融合的过程，不仅是两种语言的转换，更是译者对原文审美风格的再创造。

（2）生活体验论

对于译者的素质，郭沫若认为主体性、责任心是译者必须具备的。他认为，翻译工作要求译者具有正确的出发点和高度的责任感，一方面要慎重选择作品，另一方面要以严肃的态度进行翻译。除了责任心以外，郭沫若认为译者主观感情的投入对翻译工作也十分重要。翻译之前，译者先要深入了解原文作家和作品，只有这样才能更深刻地了解原文和作者的思想。郭沫若曾说自己在翻译别人的作品时常常和作者“合而为一”，使自己变成作者，融入作品中，体会原作的情感与内涵。这种“合而为一”的翻译思想对翻译理论的发展同样做出了重要的贡献。

（3）好的翻译等于创作

随着文学思想转变，郭沫若认识到了翻译的重要作用，并指出“好的翻译等于创作，甚至可以超过创作”。翻译有时比创作还困难，因为创作需要一定的生活体验，而翻译需要体验别人的生活。另外，翻译要求译者不仅要有很高的英文功底，还要有扎实的汉语功底。由此可见，翻译其实并不比创作容易。

翻译不是一个简单的工作，而是一种需要创造力的艺术。好的翻译和创作无异，甚至会超过原作。郭沫若本人在翻译过程中无不关注原作的艺术风格和精神思想，并将其融入笔端，进行艺术的再创作。只有这样的创造性翻译才是真正高质量的翻译。

3. 叶君健的翻译理论

叶君健是著名翻译家、儿童文学家，擅长用世界语、英语写作。叶君健通晓英语、法语、丹麦语、瑞典语等多种语言，一生翻译了大量外国文学著作，尤以翻译安徒生的童话而闻名。叶君健认为，文学翻译不是简单的符码转化，不是单纯的翻译技巧问题，翻译有再创造的一面，因而也是一种文学创作。译作的倾向和功能要受到译者的文化身份、修养、意识形态、立场等因素的影响。

1997年，叶君健发表了《翻译也要出“精品”》一文，系统地论述了自己的“精品”理论，即把一部外国作品移植到本国文学中来，如果功夫到家，就使其转化成为本国文学作品。在文中，他强调了“译者的个性”和“个性的译作”。他的“精品”论具有鲜明的学术个性，是他毕生翻译经验的精华，也是他留给译界后人的最后一笔财富。

4. 傅雷的翻译理论

傅雷是中国著名的文学翻译家、文艺评论家，他在《高老头》译序中提出了“神似论”的翻译标准。具体来说，他对翻译理论的贡献主要表现在两个方面。

（1）传神达意

傅雷曾说，领悟原文是一回事，而将原文含义用汉语表达出来又是另外一回事。他认为翻译时做到“传神达意”必须把握好以下三点。

①汉语写作。傅雷认为，好的译文要给人一种原作者在用汉语写作的感觉，这样原文的精神、意义以及译文的完整性和流畅性都得以保全，也不会产生以辞害意或以意害辞的问题。

②反复修改。傅雷对待翻译的态度极其严肃，并以“文章千古事，得失寸心知”为座右铭。傅雷指出，好的翻译离不开反复的锤炼和修改，做文字工作应该不断地推敲、完善。

③重视译文的附属部分。所谓译文的附属部分，即注解、索引、后记、译文序等内容，这些内容都对译文能否“传神达意”有着重大影响。妥善处理这些内容有助于读者更好地理解原文的形式和内容。

（2）神形和谐

傅雷认为，翻译要像临画，重点求神似，形似在次。他将中国古典美学理论运用于翻译之中，用绘画中“形神论”的观点来对待翻译。傅雷指出，要做到传神达意，仅按照原文句法拼凑堆砌是不行的，更重要的是要和原文神似。但这并不是说译者可以抛弃原文的形式，而是要在和原文神似的基础上追求形似，不能求形而忘神。神和形是语篇的两个方面，二者紧密联系。神依附于形而存在，神又是形的根本意图。因此，二者是一个和谐的整体，其各自的轻重无法简单衡量。

形与神的和谐需要译者的创造。傅雷认为，假设译文是原作者用汉语撰写的，提倡译文必须使用纯粹的、规范的中文，不能声音拗口。另外，为了再现原文的生动内容，体现出时空、语境的差异，傅雷还指出译者必须杂糅各地方言，也可以使用一些旧小说套语和文言。傅雷这种将方言、行话、文言和旧小说套语等融入白话文中，从而竭尽所能地转达原文的“神韵”，不能不说是一个创造性之举。

5. 钱锺书的翻译理论

钱锺书是我国著名的作家、文学研究家，他对翻译也有很多发人深省的论述。“化境说”是钱锺书对翻译理论的主要观点，也是最大贡献。“化境”和中国传统文论一脉相承，原指艺术造诣达到精妙的境界，被钱锺书引入翻译领域中则指原作的“投胎转世”。钱锺书在《七缀集·林纾的翻译》中首次提出了“化境说”的翻译观。

具体而言，“化”包括以下三个方面。

①转化，即将一国文字转换成另一国文字。

②归化，即能用汉语将外国文字准确、流畅、原汁原味地表现出来，读起来不像是译本，倒像是原作。

③“化境”，即原作的“投胎转世”，虽然语言表现变了，但精神姿致如故。

“化境”是钱锺书将原本用于中国古典美学的“境界”概念引入翻译领域中得出的一种翻译理论。他指出，“境界”是所有学科的共性，是相通的。钱锺书将文学翻译理论纳入文艺美学范畴的做法对中国文化而言意义深远。“化境说”不仅兼顾了翻译中的语言形式和神韵，还强调了译者的创造性。因此，“化”是翻译的最高境界。

6. 焦菊隐的翻译理论

焦菊隐是我国著名的戏剧家、杰出的导演艺术家、卓越的文学翻译家和翻译理论家。他精通多种文字，译笔流畅自然，且具有独特的戏剧风格。他在著名论文《论直译》中提出了“整体论”的翻译思想，认为译者要建立整体观念，做到整体意义对应，然后再从上而下、由大到小地考察每个部分的意义，逐步完成各个部分的对应。他提出的“整体论”是对篇章翻译理论的一大贡献，丰富了我国的翻译理论和思想，具有重要的理论意义和实践价值。他从哲学的角度科学地论述了词的绝对价值和相对价值，指出一个词在篇章中的意义往往不是它的固有词义，而是它在特定环境（上下文）中的具体所指。他还提出翻译是“二度”创造的艺术。

二、外国翻译理论

（一）古代至中世纪翻译理论

1．西塞罗的翻译理论

西塞罗是古罗马共和国末期的哲学家、演说家、散文家、律师和拉丁语言大师，是西方翻译史上最早的翻译理论家之一。他的译论深深植根于翻译实践的基础之上。西塞罗提出的“解释员”式翻译与“演说家”式翻译的区分，即直译与意译两种基本译法的区分，是西方翻译理论起源的标志性语言。

2．昆体良的翻译理论

昆体良是继西塞罗之后提倡活译的另一位著名人物，以演说家、修辞学家著称。他不仅提出了翻译的分类，即一般普通材料的翻译和创造性转换性质的翻译，界定了“翻译”和“释义”，还主张译者可以通过翻译改进写作风格，与原文竞争，甚至可以通过改编翻译，用编译的语言提高原文的质量。

（二）文艺复兴时期翻译理论

1．马丁·路德的翻译理论

马丁·路德是德国神学家、辩论家、社会学家和翻译家。他按照通俗明了的翻译原则完成的《圣经》德译本被誉为第一部大众的《圣经》，在西方翻译史上占有极其重要的地位，对宗教改革、德语的统一、德国的文学和语言的发展意义重大。路德在翻译理论方面的主要贡献体现在以下几个方面。

①使用大众熟悉的通俗语言才能使翻译大众化。

②翻译必须注重语法和意思的联系。

③翻译要将原文的语言现象放在首位，要采用意译的方法帮助读者完全看懂译文。

④翻译必须集思广益。

⑤系统地提出了翻译的七条原则：可以改变原文的词序；可以合理运用语气助词；可以增补必要的连词；可以略去没有译文对等形式的原文词语；可以用词组翻译单个的词；可以把比喻用法译成非比喻用法，把非比喻用法译成比喻用法；注意文字上的变异形式和解释的准确性。

2．多雷的翻译理论

多雷是法国文艺复兴时期著名的人文主义者、学者和翻译家。在多雷看来，翻译是译意。为了表达作者意图，译者有调整、颠倒译文句式的权利。

第二节 翻译标准

翻译的标准关系到翻译理论研究、翻译实践和翻译事业的进步发展和兴旺繁荣。但到底应该以什么作为翻译的标准，各家所言也不尽相同。

庄夫认为，翻译标准的主要作用可以概括为“镜子、监督、依据、促进、良药、基础”。

严复在《天演论》译例言中提出“信、达、雅”，强调译文应忠实原文、通顺易懂，要求译文有文采。

总的说来，以下两个方面是必须重视的标准。

一、准确

翻译需要一个准备过程。在翻译之前，译者先要仔细阅读原文，深刻理解原文所表达的观点和内容，标注难点，特别要标出那些无法对译的表述，然后查找字典、查阅参考资料，记录相关词汇和术语，最后才能着手开始翻译。在翻译过程中，译者必须按照源语和目的语的不同习惯，尽最大的可能再现作者的观点、风格及感情色彩等，以保证尽量准确地翻译原文。特别值得注意的是，译者还必须站在正确的立场上表明正确的观点。

二、规范

规范指译文所用的词汇、短语、句子及语法都必须符合目的语的一般规范和使用习惯。译者必须掌握源语和目的语两种语言文字的相同点和不同点，在翻译时按不同的规范进行切换。

总之，翻译是一种社会行为，它的最终目的在于实用，即必须达到信息交流的目的。要将翻译标准具体化，可以把时间、作者风格、文体、目的作为划分的依据，确定不同的翻译标准。需要注意的是：翻译时必须准确表达原文意思，必要时可以加批注或写文章批判；必须考虑语境、文化、读者等因素对译文表达产生的影响；必须按照目的语的语法和表达习惯将译文组织成通顺易懂的文章，同时兼顾风格、文体、修辞等诸多因素。

第三节 翻译过程

一、理解阶段

理解是翻译活动的基础，也是翻译的第一步。

（一）翻译中理解的特点

翻译中的理解呈现了以下三个方面的特点。

①理解有其鲜明的目的性，这一目的就是忠实地表达原文的意义并再现原文展现的形式之美。因此，这就要求译者对原文的理解要比普通的阅读理解更加细致和透彻。翻译的理解系统从微观上来说要尽可能地细致到理解其语音、词形以及词语的色彩；从宏观上来说要理解原文的社会文化背景。从某种意义上来说，以翻译为目的的理解要比以消遣或者研究等为目的的理解要复杂、困难得多。以消遣为目的的理解，不需要分析作品的风格以及认识词音、词形等；以研究为目的的理解也不需要面面俱到，只是要求理解的经度稍微高一些即可。

②以翻译为目的的理解与普通的理解思维方式是不一样的。普通理解的思维方式大多是单语思维；而以翻译为目的的理解采用的是双语思维模式，即采用源语和目的语双向的思维模式。译者将源语与目的语思维同时在大脑中呈现，这样的理解才能更加准确，才能向译文读者忠实地表达。

③以翻译为目的理解与普通抽象思维方向是不一样的。普通抽象思维是从语言系统到概念系统的单向的过程；而以翻译为目的的抽象思维是从语言系统到概念系统，再从这个概念系统出发构建出另一个语言系统。这是一个顺向思维的过程。

（二）理解中应注意的方面

理解是表达的前提，也是最关键的环节，理解首先要从原文的语言现象着手，其次要涉及以下几方面的具体内容。

①理解语言现象。理解语言现象主要从词汇意义、修辞手段、句法结构等方面着手。

②联系上下文的语境。认真阅读原文的上下文，了解语言发生的环境，将文章放在一定的语境中才能理解得更为透彻。只有联系上下文，才能理解原文的逻辑关系，才能明确某个词语的特定语境意义。

③理解原文涉及的专业文化知识。

综上所述，理解对翻译起着至关重要的作用，要做到理解准确，除了精通语言知识之外，还需要熟悉原文的文化背景，然后处理好语言与语义、语境以及逻辑之间的关系。

二、分层阶段

分层阶段与理解阶段是相辅相成的，下面从文本层次、黏着层次和所指层次来分析分层对翻译的重要性。

（一）文本层次

文本层次早在古代中国和古希腊就有论述，在此我们主要阐述文学文本中言、意、象之间的关系。在我国，以童庆炳的“三分法”最具代表性，其把文学作品的构成概括为文学话语层、文学形象层、文学意蕴层。这样的划分大大丰富与细化了传统意义上对文学作品“理解”的层次和内涵，为翻译与翻译研究打下了一定的基础。

以上仅仅是对文本内的层次划分。文本层次还会受到其他系统和因素的影响，即文本外因素的影响，如赞助人、意识形态、诗学。因为在翻译过程中，如果语言层面的考虑与意识形态或诗学层面的考虑相冲突，最后胜利的还是意识形态或诗学，语言的考虑让位于后者。

在实际操作中，译者需要先确定一种文本的主要功能，或在同一文本不同部分确定每一部分的语言功能，然后有针对性地使用相应的翻译策略和手法，或用语义翻译贴近原文，或用交际翻译顾及译文读者，注重译文的效果[①]。

（二）黏着层次

黏着，即语篇中句子之间的衔接。黏着层次指的是在段落、语篇的层面上对原文的忠实。段落、语篇的衔接方式其实反映了源语说话者独特的思维方式。因此，译者在翻译过程中应该在理解原文的基础上，使用地道的目的语的衔接方式

---

① 贾文波．应用翻译功能论［M］．北京：中国对外翻译出版公司，2004：53—57．

组织译文。在翻译实践过程中，译者要想保证译文的通顺，应该在明确两种语言的语篇差别的基础上，做好句子的衔接工作，使其从整体上看也是连贯、通顺的。

（三）所指层次

所指层次，即译者对原文所指意义的把握。

在具体的翻译过程中，译者应该透过文字的表象，抓住文字的本质，并用目的语将其准确地表达出来。

三、表达阶段

表达阶段是从源语到目的语信息转换的关键部分。之前已经提到，理解是表达的前提和基础，而表达是理解的目的和结果。表达是否得当取决于对源语是否理解以及译者对语言的驾驭能力。在这一阶段，需要注意两点。

①理解准确并不意味着能够翻译出高质量的文章，因为翻译具有艺术性。翻译的艺术性受到译者自身水平以及其在翻译过程中使用的翻译技巧的制约。译者首先要做到用词无误，其次要考虑修辞、语体等因素，另外，表达还受到地域、方言等的影响。

②翻译时还需要根据具体情况选择合适的语言单位，如果将句子作为基本翻译单位的话，那就还需要包含句子内部的词、词组、成语及句子衔接等。要想能够准确地表达，译者还需要对两种语言进行对比，找出克服这些困难的技巧。

四、校改阶段

校改或者修改译文也是翻译过程中必不可少的环节，需要对译文进行补正，如遇到有些术语、译名等前后不一致，也需要这一流程使其统一起来。具体来说，主要从以下几点着手。

①核对地名、人名以及方位等是否存在疏漏。

②核对译文中大的翻译单位是否存在疏漏。

③修改译文中欠妥的翻译单位。

④校改错误或者遗漏的标点符号。

⑤统一文体，对文字进行润色。

校改是对理解的进一步深化，通过校改可以更深层次地对原文进行推敲。一般情况下，校改需要进行两三遍。当然，如果时间允许，多校几遍也是可以的。

第三章　跨文化视角下的英语翻译的意义

第一节　跨文化的商务英语翻译

商务英语的规范性能够帮助国家实现两国间贸易上的合作，提高我国在国际舞台上的地位与魅力，对促进我国经济发展具有重要意义。本节就商务英语的翻译特征、文化差异对商务英语翻译的影响及合理的优化措施展开探究。

一、文化对商务英语翻译的影响

（一）风俗习惯对商务英语的影响

地理位置不同，导致全球各个国家的风俗习惯以及风土人情都具有很大的差异性。风俗习惯是受社会文化的特定性影响的，进而形成具有一定模范性的人为活动。风俗习惯的形成都是经过漫长的历史洗礼得来的，是民族文化的象征。如在中国，最典型的风俗习惯就是新年的传统节日——春节；而在西方国家，一般以圣诞节、复活节、感恩节为主。这些节日都能够很好地反映一个国家的风土人情，并且对人民群众的日常行为造成深远的影响。东方和西方由于地理条件存在巨大差异，导致两个地方的人民在思想、文化内涵上也存在很大的差异，同时对商务英语的翻译产生影响。例如“龙”是中国传统文化的象征，它象征着高贵、吉祥。但由于西方国家对“龙”这个词没有类似概念，因此当“亚洲四小龙”出现时，我国翻译人员不能将四小龙直接翻译为“Four dragons In Asia”，这会让许多西方国家的人民难以理解，正确的翻译应该是“Four Asian Tigers”（亚洲四虎）。这样的翻译能够让西方人明白其中的语境和意义。

（二）文化差异对商务英语的影响

由于历史发展的缘故，西方国家与东方国家存在非常明显的文化差异。若贸易主体在进行交流的过程中没有在意其中的文化差异，当涉及文化方面的合作时就容易产生异议，不利于合作的正向进行。例如，对阿拉伯数字的使用情况进行分析，可以发现数字的含义与当地文化具有较强的联系。在中国，因为“4”这个数字与中国的“死”谐音而常常被避讳，如开发商一般将4楼改为3A楼。而西方国家对“4”这个数字往往没有讲究，反而对“13”这个数字十分忌讳，这也是因为西方文化对耶稣的信仰。因此，在商务英语翻译过程中，专业人士应尽量不用“4”“13”这样的数字，从而帮助商务谈判顺利进行。

（三）文化表达对商务英语的影响

东方国家与西方国家不仅在文化内涵上存在较大差异，在文化的表达上同样存在明显差异，甚至可以用相悖来形容。东方尤其是儒家文化圈通常以孔子的思想进行交流与沟通。子曰：“由，诲女知之乎！知之为知之，不知为不知，是知也。”这是谦虚地表达自己的想法和建议。受儒家思想的影响，中国人通常会将自己的地位放低，提倡尊重他人进而表达看法。在撰写文章的时候，一般都以“浅析”“浅谈”等非常谦虚的词语进行文章的论述，这凸显出我国“以礼待人”的传统美德。但在西方国家，他们在表达自身看法的时候，不会以自谦的方式进行，这主要源于他们自己对国家文化的认可，对自身文化的自信。例如，中国在签署合作协议时出于礼貌都会在文件中附加一句“本着双方平等互利的原则”，这在西方人眼里是可有可无的，因为他们认为这些都在法律的管辖范围内，法律会根据事实来保证合作双方的合法权益，没必要在合同中出现。因此，在商务英语翻译的过程中，需要专业人士对中西文化差异深入了解，再使用规范的词语进行翻译，防止在交流过程中双方产生误会。

二、跨文化商务英语翻译的优化路径

（一）加强对商务英语表达特征的了解

商务英语的表达特征一般表现为简明扼要、浅显易懂，具有自身特色的修饰以及生动形象这三个方面。由于商务英语的使用范畴及对翻译内容规范性的要求非常高，这就需要商务英语翻译人员在日常生活和工作中加强对其表达特征的了解，才能在翻译中灵活运用。不同的贸易活动具有不同的翻译标准，为此，翻译人员需要根据不同的活动内容选择合适的表达特征进行翻译。在熟悉商务英语的表达特征之后，还需要对与商务英语有关的文化背景进行了解和掌握，对其中的主要句式及写作风格深入研究，进而准确拿捏其中的语境，以便于我国与西方各个国家进行更好的交流与合作。

（二）充分考量文化因素对商务英语翻译的影响

由于每个国家都存在独特的文化和历史，导致相同的内容在不同的文化背景下翻译出来的意思也会出现差异。因此，需要在进行商务英语翻译之前，对其他国家的发展历史及文化背景进行研究，对他们的风俗习惯有一定的了解及掌握，确保能够充分理解对方在贸易交往中所表达的意思，并且将内容准确地翻译出来。首先，需要翻译人员充分考量文化因素及风俗习惯对英语翻译的影响，尽可能对中西方文化差别详尽了解；其次，在翻译之前需根据谈判事项的翻译内容提前做一些准备，尤其是贸易主体的文化背景及风俗习惯，争取做到我方国家“入乡随俗”，保持友好、融洽的沟通方式；再次，专业翻译人员在英语翻译过程中还需时刻注意对方表达看法及建议时的语音语调，准确拿捏对方表达的情感及意图，从内容到感情，逐一进行翻译，为两国顺利开展贸易活动提供专业性保障。

（三）根据贸易活动的语境进行英语翻译

语感在学习英语的过程中占有重要地位，而语感的培养一般来自对语境的准确分析。在国际贸易活动中，需要根据语境进行分析判断并做出准确的内容翻译，进而提高英语翻译的质量。无论是汉语还是英语，或是其他国家的语言，很多词汇在不同的环境下其代表的含义也会发生改变，甚至会衍生出新的释义。例如，“New balance”这个短语，用最直白的翻译方式可以直接音译为“新的平衡”，但在中文语境中“新平衡”明显失去了它所要表达的真正含义以及词语的辨识度，不如“新百伦”更能体现产品的高贵品质，更符合目前中国消费者的审美，因此自然赢得广大消费者的青睐。在跨文化的背景下，商务英语翻译人员必须充分了解语境，根据不同的语境将词汇赋予新的含义，避免因为语境理解有误而导致翻译不得当的现象发生。

（四）加强贸易活动中专业术语的词汇量

相比于其他类型的英语翻译，专业英语翻译在专业性及严谨性方面都表现得比较强。从事商务英语翻译的工作人员除了需要具备日常生活英语外，还需要积累大量的专业术语来协作完成商务英语翻译。首先，翻译人员需要积累大量的专业名词并对其进行准确的翻译，同时，还要对积累的专业名词进行归类划分，在不同的贸易活动中使用不同的专业术语，以保证翻译的专业性和准确性。其次，某些英语词汇是一个国家特有的，在其他国家可能并不存在，对此，需要翻译人员在翻译工作开展之前进行资料的搜索，根据商务英语翻译的特点进行准确翻译，尤其是那些在贸易活动中出现频率特别高的词汇，才能保证贸易合作的正常进行。

综上所述，商务英语在贸易活动中占有主导地位，是国际活动主要语言形式之一，对国际贸易的顺利进行具有非常重要的作用。而商务英语翻译可以快速推动我国国际贸易的发展，促进多边国家贸易合作，是帮助我国实现中华民族伟大复兴的助推剂。因此，翻译人员必须从跨文化的视角出发进行商务英语翻译，根据不同国家的文化背景将贸易主题的中心思想准确表达出来，同时，翻译人员还需要考虑地区的文化认知、语言表达以及思维方式等多方面因素的差异，这样才能使翻译工作变得更加轻松、顺利。

第二节　跨文化交际中科技英语翻译的语用失误

随着社会、经济和科技的发展，中西文化交流与合作日益增加，自 20 世纪 50 年代开始，科技英语慢慢地成为一种专门用途的英语。科技英语有着文体简洁、逻辑严谨、语言紧凑的特点，词汇中含有大量的专业词汇及术语，句子中多用一般现在时态和被动语态。不同国家和民族在历史传统、生活方式、社会习俗等诸多因素方面都存在着差异。就外语翻译来说，如果不了解这种文化上的差异，一定会造成语用失误。英国语言学家托马斯（Thomas）认为，在语言交际中，如果一个人犯了语法错误会被认为是语言知识方面的缺乏，能得到谅解，如果一个能说流利外语的人在语用方面出现了失误，则很有可能被认为是不友好或缺乏教养的表现。语言学家海姆斯（Hymes）也曾说：“不懂得语言的运用规则，语法规则将变得毫无用处。即使说话人用极标准的语法遣词造句，在语用行为上却可能让人难以接受。”由此可见，跨文化交际的成功不仅需要有良好的语言能力，而且还要了解交际双方的文化差异及思维方式等。由于英汉语言在文化形态、表达习惯和认知模式等诸方面都存在较大差异，科技英语翻译常常会出现跨文化和跨语言的语用失误，这些语用失误严重地影响了翻译的效果。所以，了解和分析跨文化交际中的语用失误问题，避免科技英语翻译中的错误和译文的语用失误现象是很有必要的。

一、语用学与科技翻译之间的联系

20世纪90年代出现了把语用学和翻译二者结合起来的语用翻译理论，国内外学者对有关语用翻译的研究也逐渐增多。在西方，代表人物有哈蒂姆、梅森、奥尔森、卡瓦西克、昂格尔等学者，他们应用相关理论对翻译进行了研究；在中国，何自然、钱冠连、刘祖慰、吴议等学者在语用和翻译的结合研究方面亦有不少研究。张新红等认为："语用翻译是指从语用学的角度探讨翻译实践问题，即运用语用学理论去解决翻译操作中涉及的理解问题和重构问题、语用和文化因素在译文中的处理方法以及原作的语用意义（pragmatic force）的传达及其在译作中的得失等问题。"语用翻译的目的是要把原文的语用用意在译文中准确地翻译出来，让译文与原文意思一样。语用翻译一定要注重语言在特定语境中的语用用意和目的语与源语的语用等效。如果不能实现语用上的这种等效，翻译就会出现语用失误。

语用学研究语言的使用与理解，既研究发话人利用语言和外部语境表达意义的过程，也研究听话人对发话人说出话语的解码和推理过程。语用学研究的不是抽象的语言系统本身的意义，而是交际者在特定交际情境中传达和理解的意义以及理解和传达的过程。翻译研究则是探讨译者解读原文、在译文中重构原文意义的学问。语用学和翻译学的研究对象都是语言理解和语言表达，两者都关注语言的目的。

二、科技英语翻译在跨文化交际中的语用失误原因

英汉科技翻译独具特色。科技英语的文体、语言、交际目的等因素决定了科技英语的文本意义不会有过多的言外之意，科技英语翻译的标准应是精确、通顺。但英汉两种语言存在较大的差异性，翻译时难免会引起语用失误，而且科技英语是不断变化发展的，在跨文化交际中科技英语翻译语用失误产生的因素主要有以下几个方面。

（一）单词字面意思引起的翻译失误

翻译没有充分考虑词语的具体语境，没有传达出单词在文中隐含的语用用

意。翻译时只片面地注意词语的字面意义，而忽视暗含意义，因而造成误译。词语的语用意义是词语在实际运用时所蕴含的意义，它与词语的语境密切相关。

如：Rivers provide good sources of hydropower.

误：河流可以提供好的水力资源。

正：河流具有丰富的水力资源。

我们知道“good”一词表示“好”，但“好”在哪里？应根据具体情况翻译，使句子意思更加清晰。“good sources”翻译为“丰富的资源”就比较贴切。

（二）文化差异的影响引起的翻译失误

中国是东方文明古国，受儒、道、佛学的影响很深，而英国和西方一些国家信奉基督教。科技英语翻译在跨文化交际中，不可避免地要接触两种文化，而语言是文化的一部分。两种文化的差异越大，科技英语翻译在跨文化交际中就越为困难。对目的语文化的了解程度如何，是科技英语翻译在跨文化交际中能否顺利进行的一个至关重要的因素。翻译时要重视文化因素，科技文章中的翻译都带有一定的文化特征。忽视了文化因素，会导致科技翻译交流的障碍。

有许多话题是中西方人都能接受的，如个人业余爱好、节假日、天气、职业、电影或书籍等。在跨文化交际中，如果交际双方只顾遵循自己的说话方式，就会打破对方的说话规约或习惯，影响交际的顺利进行。因此我们要了解文化的差异，防止翻译中的语言失误。

如：Have faithin me，please. I can separate the sheep from the goat.

误：请相信我，我会区分绵羊和山羊。

正：请相信我，我会区分好坏的。

如果了解的话，就会知道“separate the sheep from the goat”是出自《圣经》的一个典故，sheep 和 goat 在英语中具有不同的含义，分别表示好人和坏人，所以常用这个短语来表示区分好坏。

（三）思维方式和价值观不同引起的翻译失误

美国语言学家 S. I. Hayakawa 在《语言的使用和无用》一书中指出，民族的语言表达与其思维方式有关系，在国际交往中值得注意。西方的思维方式主张“人物分离”，崇尚个体思维，认为整体只有在个体对立中才能存在。西方人的思维场在“同”中求“异”，从小到大，从未知到已知，突出人作为一个独立的个体的主观作用，思维场以主题为中心，主客体界限分明，惯于逻辑思维、抽象思维。反映在语言上，西方人有重形合的特点，而中国人有重意合的特点。西方人在语言中多用非人称主语和被动句，很少省略主语。中国人的思维方式偏重形象思维。中国人追求“天人合一”“物我交融”这种人与自然界处于和谐统一的状态，注重“心领神会”的个人感受，习惯在异中求同，倾向于整体思维和情感思维，从大到小，从已知到未知，从实际出发，注重主客体融合。反映在语言上，有重意合的特点。语言中多用无主句和主动语态，连词少用，文章讲究对称与和谐的完美。

如：Now，parents can have god —like powers over their children’ s online lives viewing everything the kids do as they surf or chat，and immediately stopping any activity that the parents is approve of.

译：如今，在掌控孩子们的网络生活上，父母简直具有上帝般无所不能的能力。他们可以看到孩子们网上冲浪或聊天的一切内容，并马上阻止任何他们不认可的行为。

按照西方人的思维，上帝是无所不能的，但在中国人心目中，就不这么认为。我们翻译时添加上无所不能，就能表达出原文的含义。

（四）表达习惯不同引起的翻译失误

科技英语当中，常用无生命的事物或抽象名词做主语，谓语由行为动词来做。而在汉语中，无生命的事物或抽象名词是不可用行为动词来做谓语的。翻译时要考虑汉语的表达习惯，否则就会造成语用失误。有时汉语和英语在特定的语境中都有着自己习惯的表达形式，在科技文章中经常使用若干特定的句型，例如被动态结构句型、分词短语结构句型等。

在翻译中，我们要注意区分英汉两种语言的不同表达，翻译才能准确地表达原文的信息和用意，减少语用失误产生。同时要灵活运用各种翻译方法和技巧，并非“硬译”“死译”去完成翻译。

如：Heat from the sun comes to us by radiation.

误：太阳的热量通过辐射到达我们。

正：太阳通过辐射给我们以热量。

The engine has given a consistently good performance.

误：这台发动机一直给出好的性能。

正：这台发动机一直工作很好。

两句的谓语动词“comes to”“has given”在误译的句子中，都被强行直译出来，结果译文意思很别扭。正确的翻译中，符合汉语的表达习惯，消除了语用失误。英语中完美的搭配如果直接移植到汉语中来，往往会产生语用失误。

（五）专业知识缺乏引起的翻译失误

科技英语翻译指文学、社会科学翻译以外的专业翻译，是结合某具体学科专业与语言学、翻译学等各种知识的综合性工作。科技英语内容广泛，涉及各个学科。科技翻译的基础是专业知识，对专业知识不了解，忽视专业知识与语言知识会直接影响翻译的顺利进行。

没有专业知识做基础翻译会逻辑混乱，信息点表述不清，甚至发生翻译失误现象。

如：All the various losses，great as they are，do not in any way contradict the law of conservation of energy.

误：所有这些各种各样的损失，虽然很大，却并不都是和能量守恒定律有矛盾的。

正：所有这些各种各样的损失，虽然很大，但和能量守恒定律没有任何矛盾。

从语法角度讲，翻译完全正确。但只要稍有一点科技知识的人都知道能量守恒定律是无条件的，没有任何形式的能量损失违背这条定律。

三、克服翻译中语用失误的措施

（一）加强语言文化学习

语言能力、语用能力、交际能力和文化能力是相辅相成的关系，因此，在语言学习的同时也要加强文化学习，这是语言学习中不可分割的一部分。要做到有计划、有目的、有步骤地了解所学语言的国家的文化和风土人情。在翻译理解的过程中，要注意结合交际情景，原文的文化背景、推理习惯，充分理解原文意义，在翻译过程中要注意结合文化背景知识和读者的推理习惯来准确翻译出原作者的意图。翻译时要注意原文与译文之间的差异，避免导致译文读者对原文意思传达的含义异解或曲解，减少翻译中文化差异引起的翻译失误。

（二）提高自身的文化意识和文化素养

多接触所学语言国家的文化，了解他们的风俗历史、宗教信仰、思想价值观念等，培养文化意识，提高文化素养，把自己置于英语语言和英美文化中，以消除跨文化交际中翻译的障碍。

（三）加强科技英语教学和科技翻译教学

在英语课程教学安排中加入科技英语和科技翻译内容，讲授科技英语的特点、科技文章的写作风格、科技文章的用词特点和特有的构词方式以及科技翻译方法、科技翻译技巧等。

（四）加强英语知识以及科技知识与汉语知识的学习

科技英语翻译要求我们要有扎实的汉语语言功底和超强英语语言能力，同时也要精通科技知识，掌握科技发展的前沿动态。从事科技英语翻译的人需要具有相当程度的这三方面的知识，否则，就很难做好翻译，达到科技英语翻译的目的。

为了减少科技英语翻译中的语用失误，我们不仅要加强语言的文化学习，不断提高自身的文化意识和文化素养，加强科技英语教学和科技翻译教学等，还要了解科技英语翻译的独特特点，从而保证科技英语翻译准确恰当，做到既切合原文，又通顺流畅，让翻译达到预期的效果。

第三节　跨文化文学作品翻译的人际意义

优秀的文学作品通过翻译在全世界广泛流传，以飨各国读者，文学作品的翻译也就承载着实现作者和目的语读者之间的跨文化交际的重任。从功能语言学的一个重要的概念——人际意义的角度考察文学翻译作品，可以发现人际意义的成功传译对译文的质量起着决定性的作用。Halliday 的功能语言学将语气和情态作为构成人际意义的主要成分。随着系统功能语言学的发展，人际意义的理论框架得到不断的完善，许多实现人际意义的形式为人们所认识。以系统功能语言学的人际理论为基础，在语气、情态、评价和称谓语四个层面对文学作品翻译中人际意义的跨文化建构问题进行描述和解释，对文学作品的翻译将有所启示。

功能语言学把语言看成社会符号系统和意义系统，它将语言的功能概括为三大推理功能：概念功能、人际功能和语篇功能。这三个功能是语言意义的三个方面，在交际中同时发挥作用。Halliday曾指出，他建构功能语法的目的是为语篇分析提供一个理论框架，这个框架可用来分析英语中任何口头语篇或书面语篇，其中也包括译作。其实，翻译也就是在译入语中建构连贯的语篇将原语篇所表达的概念意义和人际意义现实化的过程。虽然概念功能承载了文学作品的主要内容，但人际功能的成功传译无疑对译本的质量起着至关重要的作用，因为文学作品中的人物刻画以及其中复杂的人物关系都体现于语言的人际功能之中。

一、人际意义概述

语言除了传递信息、表达概念意义之外，还具有反映交际角色并表达讲话者身份、地位、态度、推断、评价和协商等的人际意义。例如：

Might I ask you if you could recommend a couple of nice books on taboo language?

显然，这句话的内容，亦即概念意义，是请求对方推荐几本关于禁忌语的书，但是“Might I ask you”是用来跟对方礼貌地协商，而不是谈论客观世界中的事情，“could”也并非指“推荐”这一行为本身，而是指说话者对受话者“推荐”的可能性所作的判断和估计，“nice”表达了说话人对禁忌语这一类书的判断或看法，这些都属于人际意义的范畴。除此以外，说话者选择了疑问句来表达人际意义，而不是祈使句或陈述句。这句话的概念意义和人际意义分析如下：

内容（概念意义）：[I ask you] you recommend books on taboo language

互动（人际意义）：Might I ask you if could nice?

如前所述，这句话的概念意义是请求对方推荐几本关于禁忌语的书，其英语表达形式还有多种选择，在此不一一赘述。选择就是意义。在众多语言潜势中，说话人采用何种表达方式，其中有出于语篇衔接的考虑，但更多的是考虑人际意义表达的需要。因此，人际意义是整体意义中的一个非常重要的方面，在翻译中应尽量传达，使译文读者对原文的语言特征和文化特色有所了解。

在Halliday的功能语言学中，语气和情态是人际意义的主要成分。人际意义中的语气系统承担着小句作为交流事件的功能，从而使得语篇具有了对话性，受话者对命题的有效性可以表示接受或提出异议。情态是讲话者对自己所讲的命题的有效性和实施可能性的判断，情态的高、中、低三种量值分别代表命题的不同意义。

随着功能语言学的发展，人际意义的理论框架不断完善，许多实现人际意义的手段为人们所认识，如语气、人称、态度、评论、词汇语域、时态和语调系统。我们讨论人际意义时应该超越小句的限制，不仅把人际意义理解为作者和读者之间的关系，也理解为作者的话语中的多种声音和读者的关系。在文学语篇的翻译中，交际事件不仅涉及作者和读者，还涉及译者和目的语读者的关系，因而建立语篇人际立场的一个重要策略就是巧妙地安排显性的和隐性的评价，从而使译文读者能同意译者对文本的重建。称谓语是小句的剩余部分，可以直接反映讲话者与受话者之间的人际关系。

好的译文应该同时实现原文的概念意义、人际意义和语篇意义。由于语言和文化的差异，有时候译语不可能完全忠实、对等地再现原文的所有意义。鉴于人际意义等值是实现译文与原文总体等值的一个重要方面，本节拟从系统功能语言学出发，研究文学作品的翻译如何通过语气系统、情态系统、称谓语和评价实现人际意义的跨文化建构。

二、文学作品翻译中人际意义的传达

（一）语气系统与人际意义的跨文化建构

功能语法把语气作为人际意义的主要成分。不同的语气分别执行不同交际功能，表达不同的人际意义。语气作为人际意义的“句法”具有互动的基础，说话人为自己选取了一个言语角色，也为听话人分派一个互补的角色，每一个话步都是通过语气的选择来实现小句的 4 个言语功能——提供、陈述、命令、提问。例如，陈述句通常表示陈述，疑问句用来提问，祈使句表示“命令”；而“提供”则可以通过各种句式来体现，如陈述句、疑问句或祈使句。语气的选择有建构身份的作用，选择因文化差异而呈现动态过程，译者为了正确再现作者本意，可能在翻译中改变原作的语气。例如：

（1）你若不嫌少，就暂且先拿了去吧。

译文：Take this for the time being to make some cloth…

（2）天也晚了，也不虚留你们了，到家里该问好的问个好吧。

译文：Give your regards to everybody who ought to be remembered when you come back!

（3）Please tell me about it and you can explain what I don' t understand.

译文①：我不懂的地方你解释给我听；译文②：我不懂的地方你可以解释嘛！

译者在产出译文之前必须识别原文的语气类型。例（1）和（2）的情景语境是刘姥姥初进荣国府拜见王熙凤。王熙凤对刘姥姥说话时语气是轻软的，态度是热情的。但语气词"吧"的连续使用则有效地体现了双方人际互动中的不同身份，故而霍克思用了祈使句来翻译这两句话，这样译文就执行了王熙凤命令和要求别人按其意愿办事的言语功能。如果译者一味遵从原作的陈述语气（直译），则无法刻画凤姐的冷漠和高傲，也无从体现她高高在上的权势和地位。

（二）情态系统和人际意义的跨文化建构

情态系统与语气系统一样，也是人际意义的重要组成部分，表达了对命题的"态度"。情态系统是介于肯定和否定两极之间的意义领域，它的高、中、低三个值明晰了交际主体间的人际关系。情态的表达形式有多种，如情态动词 can，may，must，will，would，should 等，副词 certainly，probably，likely 名词化形式 certainty，possibility，probability 称的"隐喻"，如 I' m certain，I think，I' m 等，形容词 certain，possible，probable 等及其等。情态也可由小句来表达，即 Halliday 所 sure，I suppose 等。所有这些词或小句都带有说话者对信息的倾向和态度，他们涉及断言、犹豫、承担责任、冷漠及其他一些人际意义的关键方面。

语气属语法范畴，情态则属语义领域。情态的合理使用一方面可以表达说话者的态度，使提议更具商讨性和说服性；另一方面也体现出交际双方的地位和权势。例如：

（4）你总应该知道如何对她讲。

译文①：I am sure you know how to put it to her.

这是戏剧《家》中克明对觉新说的一句话，如直译②：You should always know how to put it to her，似也未尝不可。但译者选择了主观隐喻的方式来表达克明的发号施令。主观隐喻（I’ m sure）通常把个人观点装扮成客观肯定性和必要性的不同方式，表达高值概率或义务两个译文都做到情态值与原文对等，均为高值情态，但译文②仅表达出觉新这个晚辈应尽的义务，没有表明这更是克明作为长辈的中肯的意见。译文①恰恰刻画出克明喜欢支配觉新但又不忘表现其慈爱的惺惺作态，同时更反映出封建家长制长辈至高无上的地位。

可见，对情态意义的理解只能结合具体语境加以判断。又如：

(5) 繁漪：(反抗地）我不愿意喝这种苦东西。

译文①：(protesting)：I won’ t touch it—it’ s too bitter.

责任型情态值的选择往往与身份、地位等权势因素有关。在不平等的地位关系中只有权势高的说话者才适合用高值责任性情态词，相反，权势较低的说话者则会选用表示倾向的情态或表示抵制的可能性的情态。本句的“不愿意”表达了繁漪对丈夫周朴园让她喝药的温婉的拒绝，属低值情态，而“won’ t”是中值情态词，对命题反对的色彩更为强烈。情态值的不对等造成译文①人际意义的缺失，因为英语读者不能判断繁漪在封建家庭中从属于丈夫的低下的地位。为了再现原作的人际意义，笔者不揣冒昧，将此句译为②：I do not like it—it’ s too bitter. 笔者认为，表示倾向的情态“I do not like”更符合繁漪的身份和地位。

（三）评价系统和人际意义的跨文化建构

评价理论把评价性资源依语义分为三个方面：态度、参与和分级。其中，态度包括情感、判定和鉴别，是核心系统；情感是说话人对现象采取的姿态的最明显的表现；判定系统是依据社会道德和规范来评论人的行为，得出肯定或否定的判断；鉴别是在“社会价值”的子范畴下根据各种社会常规来评价物体、产品和过程，依据的是特定领域内评价的方式和标准。

语言的评价意义与译者的价值取向密切相关，张美芳对此有深入的研究。她的研究从原作者与译者的评价标度是否一致、译者在翻译的过程中应该增加还是删减原著的评价意义等方面进行了概括性的探讨。要成功地再现文学作品的评价意义，实现人际意义的跨文化建构，译者应该对原作的评价资源做相应的增加或其他改变，例如：

(6) 会嫁的嫁儿郎，不会嫁的嫁田庄。

译文：A wise woman marries a good man，while a stupid just property.

对照原文与译文，我们可以发现，对于“儿郎”一词，译者不是简单将其译作“man”，而是译为“good man”。通过增加判断资源“good”，译文更好地传达了原文的人际意义。

当原作者与译者的评价标度不一致的时候，译者应该以自己的评价标度去传达原著中的评价意义。例如：

（7）yet，as it sometimes happens that a person departs his life，who is really deserving of the praises the stone－cutter carves over his bones；who is a good Christian，a good parent，a good child，a good wife or a good husband；who actually does have a disconsolate family to mourn his loss；…（W. M. Thackeray，Vanity Fair）

译文：不过偶尔也有几个死人当得起石匠刻在他们朽骨上的好话，他们真的是虔诚的教徒，慈爱的父母，孝顺的儿女，贤良的妻子，尽职的丈夫，他们家里人也的确哀思绵绵地追悼他们。

从字面上看，原作者和译者的评价标度是一致的，即都可笼统地理解为“好”字。实际上，原作者心中对这五个理想角色有更具体的评价。如果译者遵循“忠实”的原则，将其译为“好教徒，好父母，好儿女，好妻子，好丈夫”，则大大降低了这五种理想角色在汉语读者心中的可信度。杨必先生没有拘泥于原作的评价标准，依照自己的评价标准用五个不同的词来评价这五种不同的理想角色：虔诚的教徒，慈爱的父母，孝顺的儿女，贤良的妻子，尽职的丈夫。这样具体的评价使“好教徒，好父母，好儿女，好妻子，好丈夫”的形象更加鲜明，给人的印象也更加深刻。可以说，译文既符合汉语读者的价值取向，也“忠实”于原文的评价意义，不愧是翻译的精品。

（四）称谓语和人际意义的跨文化建构

“通常在小说中某些特定的词语如称谓语往往具有丰富的内涵意义和一定的民族文化特性”。在中英两种文化系统中，称谓语存在着较大的差异，如英语中亲属关系的相对年龄在语言中没有表现，姻亲的称谓都不做区分，而且这些称谓也不在英语中表现出来。所以，译入语系统中选择合适的表达方式体现源语称谓语的人际功能是译者经常面临的难题。

第四节 跨文化英语翻译中的文化意义

从翻译中的文化意义出发，进而揭示文化翻译的翻译策略。翻译中的文化意义既包括宏观文化意义，也包括微观文化意义。文化翻译的翻译策略包括图像、模仿、置换、阐释和淡化等。通过分析这些文化意义及其在翻译中的表现，得出文化翻译的翻译策略是一个开放的系统，从文化客体的翻译到文化自我的构建，就是文化翻译的辩证法。

语言是人们日常交际的工具，也是文化的载体，在人际交往和文化交流中扮演着十分重要的角色。英汉翻译是在英语原文意思基础上用汉语替代英语的活动过程。翻译结果既要符合原意，又要确保内容、思维完整。事实上，英汉翻译是一种跨文化的语言交流活动，它要求翻译者熟悉英语、汉语两种语言体系及各自的文化背景，了解它们之间的差异。只有这样，才能确保翻译的内容精准无误，也才符合接受者的实际需求。想要成为一名优秀的英语翻译工作者，必须了解跨文化视角转换。

语言和文化历来息息相关。语言是文化的载体，文化又推动了语言的发展。英国翻译理论家 Susan Bassnett 曾说：正如外科大夫在进行心脏手术时，不能不顾及身体其他部分；翻译在进行语言转换时，也不能不顾及文化。因此，翻译不仅是两种语言之间的词汇指称意义的转换，更是文化信息的传递。是否考虑到 SL 和 TL 中的文化因素，直接决定了译文是否忠实、流畅。因此，翻译本身就是一种跨文化的交际行为。

而任何一个国家的文化，从创始之初，就不可避免地受到外国文化的影响，“人类文化从整体来说，是各国、各民族文化汇聚、交流的产物”。文化交流必须借助翻译，在翻译的过程中，两种文化进行双向交流，既相互影响，也相互制约。翻译同时也反映了一定的意识形态，并在一定程度上影响着文化系统的发展。

一、翻译中的文化意义

跨文化翻译的目的在于翻译传递文化信息的文化意义。意义既是翻译的出发点，也是终点。文化意义有两个层面：①宏观文化意义；②微观文化意义。宏观文化意义指包括语法意义在内的所有文化信息；微观意义则关注语言的单词、词组、句子、段落和文化思维等层面。在进行翻译活动时，我们既要传递微观文化意义，也不能无视宏观文化意义，因为后者体现了语言的异质性。

（一）宏观文化意义

人类语言有同质性，也有异质性。跨文化翻译重点研究由于文化差异而表现出异质性。语法意义和词汇意义都是我们表达意义的手段，例如，在语法的层面上，宏观文化意义讨论如下问题。

1. 主语和主题

在汉语中，主语的主题性要比施事性常见得多。如：①胡大妈死了两只狗；②海水不可斗量；③三个月不到赚了1000元。在这三个句子中，“胡大妈”“水”和“三个月”并没有施动，发出“死”“量”和“赚”的动作，而只是引出句子的主题；真正的主语在动词之后，甚至隐含不出现。而英语是SV（主谓结构）语言，因此以上句子的英译分别为：①Two of Aunt Hu’s dogs died.（SV）；②The sea cannot be measured with a bushel.（SVA）/Sea water is immeasurable.（SVC）；③1000 yuan is earned with in three months.（SVA）。

2. 汉语中虚词的文化功能

汉语中存在大量虚词（function words），这也是体现汉语异质性的标志之一。例如在《离骚》中，除了最常用的“兮”之外，还有“之、以、于、夫、与、其、而、乎、此”等虚词。

（二）微观文化意义

微观文化意义不关注语法意义，而是关注单词、词组、句子、段落等层面的意义。这也是本节的研究重点。语言的微观文化意义通常由四种方式体现，即象形、映射、折射、暗示。

1. 象形

象形是一个单词形成文化意义的最基本方式，它可以直接描述该单词所指代实体的形象。中国的象形文字就属于这种方式，如古文字“刀”“弓”“血”“鼎”都可以从字形看出实物的原型。但是在现代汉语和英语中，这种体现文化意义的方式已经很少见了。

2. 映射

映射表示不同地域、人种、阶层、职业的文化特征间接反映在语言的不同层面上，从而产生文化色彩。通过映射，文化可以影响语言的发音、词汇、语法等，使得它们具有鲜明的文化特色。

以英语发音为例，美国黑人的音素有着明显的文化特征。例如，在“the，then，that，those，these”这些词中，“th－”的发音接近于辅音/d/而非/θ/，然而在“with，both，birth，fruth”这些词中，即“th－”位于词尾时，它的发音又近似于/f/。在美国黑人的发音中，另外一个值得注意的音素是/r/，它往往被省略掉。如 during 被发成/duiŋ/，而 star 的发音是/stah/。社会学家 W. Labov 曾经做过一项著名的关于音素/r/的调查，调查显示，一个人所处的社会阶层越高，/r/的发音就越明显。

词汇中的文化色彩也可经由折射反映出来。例如，在 the macaroni club 这个短语中，macaroni（通心粉）源自意大利语，在 18 世纪中期，它被视作昂贵的美食，所以 the macaroni club 也具有了附加的文化含义，指代上流社会的某个群体，翻译成“浮华世界的浪荡公子小圈子”。再如 bog trotter 一词，bog 意为“沼泽”，爱尔兰是一个多沼泽的国家，因此该词被用来指代“爱尔兰人”。类似地，someone straight from the bog 指的是“货真价实的爱尔兰人”。而在短语 march to the beat of a different drummer 中，西方有游行时击鼓的习俗，若有人不跟着鼓的节奏前进，便是一个“不随大流、不随波逐流”的人。从以上例子可以看出，短语是映射文化色彩的主要语言层面，被映射的短语的文化含义可以通过分析字面意（literal meaning）得出。

3. 折射

在折射中，语言的文化背景和真实含义之间的距离更加遥远，很多短语已经不能通过字面意思来解释了，而要用到另外一些方法，如推理、延伸、演绎等。例如，在 Paddy wagon 中，Paddy 源自爱尔兰人的名字 Pad rick，而在美国工作的爱尔兰人后裔中，很多人在警察系统工作，所以，Paddy wagon 就有了“囚车”这一微观文化意义。再如，the ghost walks 并不是字面意思所传达的“有钱能使鬼推磨”，这一短语的文化意义来自莎士比亚的《哈姆雷特》。在 19 世纪的曼彻斯特，一个莎士比亚剧团不付给演员工资，演员便计划罢工。在出演《哈姆雷特》中鬼魂现身一幕时，扮演鬼魂的演员喊道："No, I am damned if the ghost walks any more until our salaries are paid."《世界图书词典》（The World Book Dictionary）据此给出例句：This is the day the ghost walks（今日发行）。因此，the ghost walks 通过间接折射获得其文化含义：发放薪金。

不仅英语如此，在汉语中也存在着大量俚语、习语、成语，通过折射获得其微观文化含义。

4. 暗示

通过暗示获得的文化意义最间接隐晦，语言的文化背景和真实含义之间的距离也最遥远；因此，词汇或短语的文化意义往往和字面意义大相径庭。

例如，在英语中存在着很多表达英国人对苏格兰人和爱尔兰人的负面情感的说法，not give a rap 即一例。rap 是爱尔兰的古代货币单位，面值仅为便士的八分之一，因此被用来指代毫无价值、不值一提的东西，所以该短语可以翻译为"毫不介意"。再如 ballyhoo 一词，源自爱尔兰科克郡的一个村庄名称，该村庄的村民经常酗酒取乐，所以 ballyhoo 被用来指责那些骗子和吹牛者，译为"鬼话连篇"或"自吹自擂"。如果我们不知道这些说法后面的背景故事，就无法正确理解和翻译它们的文化含义。

二、跨文化翻译策略

跨文化翻译中的策略有很多，最常见的有图像、模仿、置换、阐释、淡化等。

（一）图像

图像指通过直接感官来翻译文化含义，包括图片、形式、图案等手段。例如中国功夫的一招一式都有其独特名称，如果仅凭文字翻译，恐怕还是不能直观展示这些招式的含义；如果辅以图片，则其形象就一目了然。

（二）模仿

模仿是在翻译时尽量模仿源语的文化含义，即通过直译来保留源语的文化含义。它借助人类共同的通感，在两种语言文化之间起到了互相联系和补充的作用。因为忠于原文，模仿也一直是跨文化翻译的主要手段。比如，太极拳中的基本姿势名称即可通过这一策略来翻译：虚步 empty step；双手勾 hook hands；提膝 bring up knee；弓步 bow step；盘腿跌 side way falling on a twisted leg。这样，通过模仿翻译，太极拳招式的原汁原味得以最大限度地保留。

但是，在使用模仿策略时，也要注意两条原则。第一，尽可能简洁。通常来说，好的翻译总是简短而准确的，如果模仿翻译造成了冗长累赘的译文，则不宜采用。例如，“湘河甘糖水鱼云裳裙边煨细皮五花”是湖南省的一道菜肴名称，长达 15 个汉字，尽管原名含有浓重的地方特色和文化风味，但在翻译时还是应尽量简洁易懂，如“calipash and calipee”（甲鱼裙边）便是在尽量少牺牲文化含义的前提下的通达译名，因“甲鱼”“裙边”本身就很有中国文化特色。第二，注意语言恰当。如果直译译文和源语不协调甚至产生歧义，也是不可接受的。

（三）置换

置换是一种更开放的体系，有着无尽可能性，它主要通过改变源语的遣词来达到翻译目的。请看下例：

He that lies down with dogs must get up with fleas.

a. 与狗在一起睡的人身上必定有跳蚤。b. 近朱者赤，近墨者黑。

Love me，love my dog

a. 爱我，就爱我的狗。b. 爱屋及乌。

between cup and lip.

a. 杯唇之间。b. 功败垂成之际。

Let them eat cake.

a. 让他们吃蛋糕好了。b. 何不食肉糜？

以上各句中，a 译为模仿，b 译为置换，不难看出，置换译法在此处更合适、自然，也更符合汉语习惯。

（四）阐释

阐释是通过解释说明的方法来化解源语中的文化障碍，也是“不可译”时的策略。它通常使用句子，而非词或短语，来解释说明文化内涵。例如，中国古代哲学中的“阴”和“阳”，因概念抽象，可以通过阐释的方法进行翻译：yin：an inactive force derived from the activity which reaches its climax（动极而静，静而生阴）；yang：a force derived from the dynamics of the Great Ultimate brought into action（太极动而生阳）。

阐释不仅可以传达文化内涵，也能帮助消除不同语言之间的文化差异和障碍。

（五）淡化

淡化是去掉源语中的文化含义，也是跨文化翻译的终极手段，它被广泛用于习语翻译和文学作品翻译；诚然，淡化会造成一些形象化比喻的缺失，但也是“没有办法的办法”？

以下汉语表达就是“比喻性习语+‘办法’”的结构：

蚂蚁搬家的办法（do sth.）in a small way

打铁趁热的办法 lose no timein（doing sth.）

一刀切的办法（do sth.）indiscriminately

打一枪换一个地方的办法 change one’s way every time（he/she dose it）

以上翻译采用淡化的策略，固然丧失了源语中形象的比喻，但如果采取模仿“硬翻”，则显得不伦不类；而采用置换，又很难在译出语中找到现成的对应比喻。因此，淡化也不失为减少累赘和别扭感的有效策略。

翻译一定会涉及对宏观文化意义和微观文化意义的理解，通过分析文化意义在翻译中的体现，我们可以找到更多的翻译策略。由于翻译中的文化信息是由人来解读的，翻译策略也是一个开放的体系，对人本的关注，将有助于实现从文化客体的翻译到文化自我的构建，从而使我们更深入地研究翻译中的文化信息，并将翻译提升到审美的高度。

第五节　英语翻译教学中跨文化交际能力的培养

随着人类社会交融越来越密切，跨文化交际的现象逐渐变得普遍和常态化，对跨文化交际的需求也在不断地增大，作为交流途径的一种，翻译也为此显得尤为重要。

一、翻译与跨文化交际的差异

人类共有的感知能力既有共性，也有个性。翻译的过程中，跨文化交际出现的差异性，从而导致的翻译障碍是必然要发生的事情。民族性的文化给翻译带来了一定的困难和障碍，例如，名言和谚语，不同的民族根据自身的自然环境、宗教信仰、生活习惯和民族心理等多种关系密切结合，凝结了自身的智慧不断的传承，承载了丰富的文化信息和文化内涵。

思维模式的差异是人脑对客观现实的反映和反射功能，是人类对世界的一种认知能力，它不仅具有共性，必然也具有强烈的个性。也是由于这种思维个性形成意识上的差异，考虑的角度不是同一性的，还有语言自身的复杂多样，构成了不同民族和国家之间文化上的交往障碍。比如，表示“勉强别人去做他不能做或不愿做的事情”。在汉语中可以说是“强人所难”或者“赶鸭子上架”，在英语中也许会翻译成“drive a duck onto a perch”，再比如英语中的“Love me，love my dog.”在汉语中可以翻译为“爱屋及乌”，法语为“爱马丁的人，也爱马丁的狗狗”，由此也可以看得出，在不同的民族、不同的国家，尽管思维内容有很多的相同之处，但由于思维的差异，在整个翻译的过程中，跨文化交际也有着很大的差异性。

语言文化的差异性，其实有些时候是受到声像化、物质化、民族意识、地域化、社会化等原因影响的，例如“花生”在汉语中除了作为食物名称之外，在结婚的时候送上花生，再加上红枣、桂圆、莲子就寓意着希望新人早生贵子，在你升学考试的时候则寓意着步步高升，当你是生意人的时候则寓意着你升官发财，这就是语言文化中由于声像化导致的文化差异。例如，“天地”在汉语中象征着至高无上，像是历朝历代只有皇帝才可以祭拜天地；夫妻新婚时要同拜天地；农民在耕作的时候是要面朝黄土、背朝天的，形容劳动不易以及对天地的敬畏；在悲怨至极、感觉走投无路时会大喊“老天啊……”，是天道观的反射。而在英语中的天“god”代表着至高无上的神，也就是上帝，他主宰并给予了人们一切。这是文化语言中由于民族意识导致的文化差异，等等。

二、翻译与跨文化交际的阐释与融合

(1) 跨文化意识是由于译者对不同文化之间的差异而爆发的敏感性，也就是说，对于在跨文化交际翻译的第一轮交际活动的参与者来说，译者的跨文化意识能否成功是其进行的关键之处。有学者就此认知专门细分出了四个层次：第一，是不理解与自己有别的不同文化的表面文化现象的认知；第二，对于与自己文化背景相反，是不可思议又缺乏理念的文化认知；第三，通过理性认真的分析之后，对异文化的文化特征得以认知；第四，要求交际者在充分、理性地认识异文化差异的基础上，把自己移情融入文化当中去，让自己设身处地地感知别人的际遇和感受，完全走进对方的心境，在与自己完全不同的文化背景下观察、学习、思考和认知。

译者在跨文化意识中要有对原来语言文化的意识；要对异文化有所意识；要对自己翻译的策略方法有解释的能力。这些不仅是能够良好地进行翻译的基础，还是使跨文化交际有效进行的必要条件。

（2）归化作为翻译的一种策略，主张的是为了降低接受者的接受难度，将原著或源语言中文化的异类成分牺牲，也就是要将其大量的、宝贵的并且极具有价值的附载信息进行消除，从而转化为即将翻译的语言文化中被人们非常熟悉并且认知的内容。异化作为与归化相对立的翻译策略，则主张在翻译的过程中，要以原著或源语言文化为根本归宿，不怕造成很多接受者对译文的接受难度，更加在意的是可以保留原寄宿者的真实情调，使接受者欣赏、学习并借鉴到自己的母体文化当中来，丰富本国的文化，促进文明更好地提高。

随着文化的交汇融合和全球性发展，人类的交往及学习沟通方式也越来越全面，人类对文化的多元化已经有了充分的认识和包容，当民族文化不断地被其他民族了解和接纳，甚至吸收，翻译将变得开阔而清晰，翻译与跨文化交际的畅通性便不再是不无可能。

第四章　跨文化视角下的英语翻译对策研究

第一节　跨文化视角下法律英语的翻译

法律翻译是一种专用的翻译。随着经济全球化的发展尤其是在中国成功加入世界贸易组织之后，越来越多的译者认识到了法律英译的重要性。本节旨在分析法律英译过程中存在的问题，并指出法律英译应遵循的准则和参照标准。在法律英译的过程中，译者必须对法律术语的翻译问题、普通词汇的翻译的问题、语句及语篇成分的安排问题、法律文本翻译的风格问题以及法律法规翻译的统一问题等给予足够的重视，合理处理这些问题。为了达到翻译的准确性及合理处理法律英译中的问题，译者在翻译过程中要遵循将法律的表达作为主要目标，要尽量遵从法律英译的表达规范，译者要积极参与到翻译过程中，发挥主观能动性，要重视翻译诸因素的相互作用。同时，译者还要根据法律法规英译的参照标准，做到法律文本的译文要能够完整体现原文，要符合原文精神，更重要的是要符合法律目标，总之，法律英译要能准确表达原文，因此，译者在翻译过程中要依照法律英译的原则，合理处理法律英译过程中的问题。

一、法律语言的特点分析

法律语言是一门特殊的语言，有其自身的特点。国内外学者对法律语言的特点都进行了一定的总结。

（一）西方学者对法律语言特点的归纳

西方学者梅林柯夫（Mellinkoff）不但是世界范围内较早研究法律语言的学者之一，也是对法律语言进行研究的专家之一。1963 年，梅林柯夫发表了法律专著《法律的语言》一书，这部法律专著被视为研究法律语言的经典著作之一。

根据梅林柯夫的观点，“the law is a profession of words”（法律本身就是语言的专业或者法律是一项措辞的职业）。换句话说，法律是由语言写就的。如果对法律语言的研究不清楚，就很难理解其背后所体现的法律意义。梅林柯夫还认为法律语言的特殊，并不仅仅是因为其使用了大量的法律术语，更是因为法律语言中，普通的词语往往表达的是特别的意义。梅林柯夫关于法律语言特点的观点被许多学者认可。西方社会语言学家 Shuy 还指出，法律条文、法律文件以及官场语言之所以难以被人们理解，一个最重要的原因就是其违反了人们使用语言的习惯，比如对名词的重复等。

（二）中国学者对法律语言特点的归纳

20 世纪 90 年代以来，关于法律语言特点这一方面，中国学者出了好几本关于法律语言的专著。一般而言，中国学者的著作多是注重研究法律语言本身，主要包括司法语言和立法语言。立法语言主要是以书面语言为主，司法语言以法庭用语为主。中国学者对法律语言的研究特点是比较细致，也比较全面的，从字、词、句等不同角度进行了深入研究和探讨。有些学者甚至对立法语言中的标点符号进行了细致研究，指出法律条文里面不应该使用感叹号。另外，以对句子的研究为例，中国学者从句子的结构，到句子里的每一个细节，都进行了深入的研究。

二、跨文化视角下法律翻译面临的问题

（一）法律英译中的术语问题

一般情况下，不同的法律语言都有不同系列的专用术语，其专用术语对相应法律语言起了固化作用。因此，法律专用术语与其他类型的词语是不同的，法律术语要能够体现法律体系的典型特征。英汉词语之间的不对应性也成了法律法规翻译的难题之一。例如，法律汉语中的“等额选举”“差额选举”“统筹安排”等专业术语在法律英语就很难找到相对应的术语。同时，在法律英语中，也有很多法律术语在法律汉语中找不到相对应的词语，例如“alibi，tortfeasor，lobby，ombudsmen，equity，sheriff，Hansard，mandamus，solicitor，recorder”等，对于这些没有对应的词语，译者在翻译的过程中，往往采用意译的方法。使用这种翻译方法能够传递法律术语的含义，但是却不能完整表达这些术语原有的相对

固定的概念。

（二）法律翻译在语句以及语篇成分安排方面的问题

受文化差异的影响，法律汉语与英语之间是必然存在差异的。汉英语言之间的差异导致在翻译法律法规的过程中，可能会出现语篇语句成分安排方面的问题。例如，译者在对法律汉语翻译的过程中，或许会出现语句紊乱的问题，对法律英译产生不好的影响。例如，汉语法律法规“未经审批管理机关批准，擅自转让探矿权，采矿权的，由登记管理机关责令改正，没收违法所得，处十万元以下罚款，情节严重的，由原发证机关吊销勘查许可证，采矿许可证”。其所对应的英语翻译为“Whoever without authorization，transfers exploration rights or mining rights without approval of the examining and approving agency，shall be ordered to make amends by the Registration agency，have confiscated its illegal gain sand be imposed a fine of not more than 100，000 yuan；then circumstances are serious，the original licensing agency shall revoke the exploration license or mining license.”在对汉语法律进行英译的时候，译者没有承接上文的主题，还在分号处进行了转换，这样翻译不仅不符合原文，与法律英语的一般习惯也是有差别的。

（三）法律法规翻译风格的选择

当前，很多译者在翻译汉语法律的过程中，他们往往过于重视原文风格的保留，也就是说，汉语法律原文的风格在英译过程中是非常明显的，这就造成法律英语的特点不够明显。虽然法律汉语有很明显的法律问题特征，但是其在表达意义方面却是简单，直接，明了，这与普通汉语的特点是很相似的。然而，法律英语与普通英语是有着明显区别的，这也意味着如果译者过于重视法律含义风格的传播，就可能导致译文不是法律英语，而仅仅是普通英语。例如，“第八届全国人民代表大会常务委员会第十三次会议审议了《国务院关于提请审议财政部发行特别国债补偿国有独资商业银行资本金的议案》。其对应的英语翻译为“At its 13th Meering，the Staning Committee of the Eighth National People’s Congress discussed the Proposal of the State Council for the Issue of Special Government Bonds by theMinistry of Finance to Supplement the Capital of the Wholly State—owned Commercial Banks.”是不合适的，因为“审议”在文中是相当严肃，相当慎重的，而这样翻译则与原文的准确性和风格有很大出入。

三、译者翻译过程中应遵循的原则

受文化差异的制约，译者在翻译法律法规的过程中，是要遵循一定翻译原则的，主要包括，译者翻译的主要目标是对法律的表达，译者在翻译过程中要发挥自身主观能动性，要注意遵守法律英语的表达规范，并重视翻译过程中积极因素的作用。

（一）法律翻译的目标是对法律的表达

学者 Sarcevic 在研究法律翻译中，曾经提出“要制作能在实践中导致同样效果的文本，译者在翻译过程中，必须能够理解词语和句子的意义，并且理解法律文本应有什么效果，怎样在另一种语言中达到这一法律效果”。Sarcevic 的观点主要适用于平行法律文本，但是具有较高权威性的非平行法律文本也是适用的。

（二）译者的英译要尽可能遵从翻译英译的表达规范

语言是文化的载体，法律语言体现着法律文化。因此，译者翻译过程要考虑的另一问题就是法律语言。因此，译者要想比较准确地传递法律文书的意义，产生一定的法律效果，例如，要想使译文得到读者的理解，认同，得到合乎立法者意志的正确使用，译者在翻译过程中就要遵从一定的原则，诉诸一定的手段，通常情况下，最主要的就是译者要使用读者能够理解并且可熟知的语言，即法律英语。

（三）译者积极参与，重视翻译诸因素的相互作用

在翻译过程中，译者要对法律文本进行协调、阐述、决策，还要充分发挥主观能动性，了解翻译过程中各因素之间的相互作用。也就是说，译者不仅要对原文和翻译给予足够重视，还要注意原文作者、原文语言、法律原文、译文语言以及对法律的表达等不同方面，能够做到准确传递法律的含义。

中国在加入世界贸易组织以后，中国政府为了适应 WTO 在透明度方面做出了承诺。然而，在加入世界贸易组织以前，中国法律法规的制定和翻译就已经开始，法律法规翻译在法律术语翻译、其他词语翻译、语句以及语篇成分的安排问题、法律法规翻译风格、法律法规翻译统一性等方面是存在问题的。因此，译者在对法律法规进行翻译的过程中，要遵循一定的原则，确保法律文书通俗易懂，

并取得良好的效果。

第二节　跨文化视域下英语翻译中的同化和异化

一、英语翻译中的同化

在英语翻译过程中，考虑到不同的文化之间具有相通性，因此可采用“同化”翻译方法。以文化角度为出发点，使读者放在译文的第一位，通过认真分析源语信息的意图，为读者提供精确的原文翻译。从本质角度来看，译文实际就是与源语信息最贴近的内容。在翻译过程中，强调“动态对等”原则，也就是保持一致的功能性，要求译文表达方式与自然相符，并将源语行为纳入读者文化范畴。从语言结构或者表达技巧的角度来看，一般情况下，语言中对具体生活现象进行描述的词组具有相通性，因此可以在不同的文化之间进行对等转换。

例如，“Better late than never”直接翻译的意思为：迟做总比不做更好，这与“亡羊补牢”的意思相同；“It rains cats and dogs”，直译为“现在正在下着大雨”，可形容“大雨滂沱”。又如，“I love my love with an E，because she’s enticing；I hate her with an E，because she’s engaged；I took her to the sign of the exquisite，and treated her with an elopement；her name’s Emily，and she lives in the east”，可以直接翻译为“对女孩既有喜爱之处，又有憎恨之处”；短语“Do in Rome as the Romans do”，直译为“到了罗马就做罗马该做的事”，也就是遵守当地的风俗习惯，意思是“入乡随俗”。另外，英语的一些表达方式可以通过中文直接翻译或者以成语来解释，反过来也可遵循同化原则，将中文翻译为英语。例如，“木已成舟”可翻译为“What is done cannot be undone”（已经做的事就无法消失了），熟能生巧可翻译为“Practice makes perfect”（因为练习而完美），等等。

可见，在英语翻译过程中遵循“同化”原则，既要确保中英文表达习惯的一致性，又要保留原文独特的文化意味，并且注重与译入语的文化规则保持一致，以此提高翻译的精准性。如果能够在翻译过程中采用带有文化色彩的语言进行翻译，则能够更好地表达原文意思。否则，如果翻译人员根本不理解原文的深刻内涵，对文化层面也一知半解，那么在翻译中就可能出笑话。例如，“cross/pass the Rubicon”，如果直接翻译成“交叉穿过卢比孔河”，显然读者难以理解其中含义。如果用“break the caldrons and sink the boats”来代替，翻译为“破釜沉舟”，既能精确表达意思，又便于理解，读起来也朗朗上口。

二、英语翻译中的异化

不同的文化背景，再加上地理、历史、经济、社会等诸多因素的影响，不同的国家、民族的文化特征各不相同。在英语翻译过程中，如果一味地使用“同化”原则，难以实现文化之间的对等交流，因此，在“同化”的基础上还必须运用“异化”方法，使读者既能领略异国风情，又能在潜移默化中接受不同的文化理念，加深对原文语境的理解。采取同化翻译方法，将语言中原本含有的不同文化成分直接转化为其他的语言文化，以便读者深入了解，与自己熟悉的内容进行对比，但是在这一过程中失去了一些信息的附加意义；如果完全采取同化翻译的方法，那么读者在阅读过程中仅仅回顾了本土的民族文化，失去了对其他国家、民族文化的认知与鉴赏机会。因此在英语翻译过程中恰当地引入“异化”要素，还原异国文化，能更好地使读者实现阅读目标。翻译人员应在遵循基本翻译原则的前提下，展开合理的想象，将异国文化恰到好处地表现出来。

在英语翻译过程中运用“异化”原则，必须深刻理解原文，否则会对原文意义有所误读，甚至翻译得“面目全非”。例如，我国四大名著之一的《水浒传》，由美国作家赛珍珠进行翻译。由于其过多地采用同化方法，很多地方企图忠实于原文，结果背道而驰，完全不能表达真实含义，让读者感到云里雾里。如《水浒传》中涉及“江湖上的人”，赛珍珠将其翻译为“men by river and lake”（站在江边或者湖边的男人），很多外国读者不明其意，不仅读起来觉得不通畅，也无法真实领会全文意思。如果翻译成“Robin Hood”，即罗宾汉、（罗宾汉式的）绿林好汉，就能让读者理解其中意味。另外，以语用角度为出发点，异化翻译也非常重要。一方面，在汉语行为动词以及心理动词中，可采取“多对多”的混用方法；另一方面，在文化传播过程中，应注意避免由立场标记而形成的错误使用，如果立场标记处于错误位置，也会出现运用上的偏差。因此对译文进行辨析性、系统性了解，非常重要。

在跨文化视角下，在英语翻译中运用“异化”原则，就是将原文中的语言、文化等转化为译文中的语言或者文化。这样，在译文中也注入了一些新的元素，增加了异质文化中的信息。在英语翻译中，通过不同文化、不同语言的渗透与交流，可更好地实现文化融合，同时通过具体的语言翻译呈现出中西方文化差异，更能提高译文的精确性、贴切性，更好地传神达意，让读者领略异国文化特色。例如，“Time is money”这句名言，如果将它异化地翻译为“时间就是金钱”，能体现美国人具有极其强烈的时间观念；如果同化翻译成“一寸光阴一寸金”，则感觉色彩不够强烈。同样，“paint the lily”如果异化地翻译为“给百合花上颜色”，就可切实地传达文化内涵。从美国基督教历程来看，百合是非常重要的一种花朵，在西方人的思想中，百合就是“纯洁无瑕”的象征，因此“给百合花上颜色”，也就是弄巧成拙。虽然也可用成语“画蛇添足”来表达其中含义，但是英语文化特色就难以表现出来，此处采取“异化”翻译则更贴切。

综上所述，语言作为文化的重要组成部分，是文化的重要载体与传承者。由于中西方文化差异客观存在，翻译人员必须充分把握中西方文化差异，合理运用“同化”与“异化”原则，才能更为精准地翻译，顺利达到交流的目标。

第三节 跨文化视角下英语翻译的词类转换技巧

如何做好两种语言词类之间的转化，需要进行深入的探讨，从而达到英语翻译目标。例如，李丽和王倩关系一直不好。令她们尴尬的是，她们将要在同一个班级上课。译为：Li Li andWangQian didn’t get along well with each other. It was embarrassing that they were to study in the same class. 通过这样的翻译，能够增强翻译的质量，使其语句更加通顺，意思更加明了。

一、跨文化视角下英语翻译词类转换的重要性

不同文化背景的文学作品在进行英语翻译时需要采用不同的技巧，英语词类转换作为重要的翻译技巧之一，翻译人员在翻译过程中需要做好相应的转换工作，这样才能够达到翻译目标，使得翻译作品与原文更加贴切。比如在进行英语

翻译名词转换时，每句英语中都会包含一个谓语动词，这样就导致动词名词化的现象比较多。但是在汉语语句中就没有英语动词的限制，所以在进行翻译时，翻译人员就可以将汉语中的印象、地位、特点、态度、定义等名词转换为英语语句中所对应的词语。这样不仅能提升其翻译质量，也可以增强翻译的流畅性和简洁性，从而达到英语翻译的目标。

二、英语翻译文化视角下的词类转换

（一）英语翻译名词转换

在英语语句中有许多名词派生出来的动词，这样就需要将作为主体的名词转换为动词，也可以将其转换为副词或者形容词等。在汉语中一般动词使用频率要远远高于英语中动词的使用频率，这就使得翻译者将英语中的名词转化为动词。比如：pay attention to、to have a rest、make a decision 中的“attention”“rest”“decision”都是短语中的中心词，它们都为名词，但是在短语中却作为动词来表达动作。在句子中同样也存在名词用作动词的现象，例如：The flowing of current firstin one direction and then in another makes an alternating current. 这句话中，就可以将其中的名词译成动词，这样能够保证翻译的质量。可以翻译为：

电流首先沿着一个方向流动，然后再沿着另一个方向流动形成交流电。在实际的翻译中，有一些英语动词翻译成汉语动词时会存在一定的难度，如果硬要翻译的话，就会导致翻译出的文章语句比较生硬，语句不够流畅，从而降低英语翻译的质量。这样的动词相对比较多，比如：act、run、work、aim、behave、furnish、direct、characterize 等。还有一些英语形容词衍生的名词在翻译时需要将其转换为形容词，如：The pallor of her face indicated clearly how she was feelingat the moment. 可以翻译为：她苍白的脸色清楚地表明了她那时的情绪。英语在翻译的过程中有时还要将名词转换为副词，主要是由于这些名词相对比较抽象，在名词短语或者句子中会存在一定的歧义，如果将其翻译为名词，那么将会影响到英语翻译的准确性，甚至会改变整个句子的意思。因此翻译人员可以按照文章中的情景，将其翻译为副词或者与其对应的状语，保证句子翻译的准确性。比如：The new mayor earned some appreciation by the courtesy of coming to visit the city poor. 译为：新市长有礼貌地前来拜访城市贫民，获得了他们的一些好感。

（二）英语翻译动词转换

翻译人员在进行英语翻译时，有时候需要将动词转换为其他词性的词语，这样能够保证语句的通顺，同时也可以准确表达出原文的含义。英语翻译中的动词转换通常有以下几种：第一，英语中的动词转换为名词。该种转化主要是由名词派生的动词产生的，在翻译过程中，翻译人员想要找到与之相对应的动词会比较难，这样就可以采用名词来进行转换，从而达到翻译的效果。比如：①This kind of behavior characterizes the criminal mind. 译为：这种举止是罪犯的心理特征。②To them，he personified the absolute power. 译为：在他们看来，他就是绝对权威的化身。在进行词类转化时，翻译者还要结合译文中的句子结构来进行，同时还要考虑句子结构和词语之间的搭配状况，从而达到翻译的效果。比如在翻译“绝对不允许违反该原则”这句话时，相关人员就可以将其翻译为：No violation of this principle can be tolerated。其中，汉语中的“违反”作为动词使用，但是在英语中则将其转换为“violation”这一名词，使得翻译出的语句与原文之间的差异不大。如果在英语翻译中还是使用动词，翻译出的句子将会出现错误，影响到英语翻译的质量。第二，名词转用的动词翻译为名词。翻译人员在进行英语翻译时要保证句子翻译的一致性，就要将名词专用的动词翻译为名词，比如：①Our age is witnessing a profound political change. 译为：我们的时代是深刻政治变革的见证。②Most U. S. spy satellites are designed to burn upin the earth’s atmosphere after completing their missions. 译为：美国绝大多数间谍卫星，按其设计，是在完成使命后，在大气层中焚毁。第三，将动词转化为形容词。比如：Marie’s was deeply impressed by what I did at that time. 译为：我在那个时候的行为给玛丽留下了深刻的印象。其中句子中的 deeply 作为副词可以表示程度，而作为动词的 impress 后加上 ed 转化为形容词，从而让翻译出的句子更加通顺，语句更加完善。

（三）翻译英语介词转换

在英语中介词的使用频率相对较高，中文中常用介词数量相对较少，而且中文中许多介词都是从此转换而来的。在英语的语言结构中，介词通常会发挥着非常重要的作用，它能够将整个英语语言的魅力展现出来，使得语句更加活泼。因此翻译人员在翻译的过程中，可以将英文中的介词译为动词，使其句意更加顺畅，提升翻译的水平。比如：across、into、over、past、through 等介词，它们都具有一定的动词意义，因此在翻译时可以将其译为动词，增强译文的紧凑性和句子表达的连贯性。除此之外，在对一些目的、原因状语的介词进行转换时，也可以译为动词。比如：Qiu Shaoyunin spite of all difficulties，insist on fighting. 译为：邱少云不顾一切困难，坚持战斗。该句话中英语的“in spite of”作为介词，在汉语中就可以将其翻译为动词“不顾”。

（四）翻译英语形容词和副词转换

在进行英语翻译时，为了保证翻译的质量，翻译人员有时会将形容词和副词进行相应转换，从而达到英语翻译的效果，增强翻译的准确性。比如在句子“I am anxious about my mother’s health.”中就可以将其翻译为：“我担心妈妈的健康。”其中“anxious”在英语中作为形容词，但是在汉语翻译时就会将其转换为“担忧”这一动词，使其翻译出的句子更加贴切，能够准确表达出原文的意思。英语中的名词在翻译时能够转换成汉语动词，因此修饰该名词的形容词需要转译成汉语副词。比如：We must make full use of exiting technical equipment. 我们必须充分利用现有的技术设备。所以在今后的英语翻译中，翻译人员需要做好句子结构的调整，利用各种有效技巧，做好词类之间的转化，从而达到英语翻译的目标。

综上所述，在进行英语翻译时需要结合文化视角来进行分析，从不同文化角度来进行英语翻译，这样才能够达到英语翻译目标，提高英语翻译质量。除此之外，翻译人员进行翻译时，还要掌握不同词类之间的转换规律，结合文章所创设的情境，准确把握其思想情感，从而提升英语翻译的准确性和连贯性，实现英语与汉语之间的良好转换。

第四节　英语电影字幕翻译的跨文化因素及对策

英语电影字幕的翻译除了可以代表不同国家文化之间的交流，还符合现如今全球化大潮流，但是在文化交流的过程中也会存在一些文化冲击，这就需要翻译者在了解不同国家的文化之后再进行有效的翻译，准确把握不同文化的特征，而不是简单地把一种文字转化为另一种文字，在避免文化冲突的情况下把最能体现句子意思的字幕展现在所有的观众面前，这是需要翻译者长期积累并且配合讨论的过程，同时也有利于不同国家的文化交流与融合。

一、英语电影字幕翻译的跨文化因素

英语是现今不同国家进行沟通交流的主要语言，不同于一般语言的枯燥无味，英语具备不同地域的不同特色，被赋予了特殊的灵魂，所以，英文字幕的翻译工作不是简单的意译，而是涉及不同区域的文化输入。在现如今这个文化全球化的大背景下，人们的文化意识不断增强，对新鲜文化的渴求度也在逐渐提高，虽然获取各国文化差异的技术发展迅速，但不可否认的是，如何解决区域间的文化冲突和差异是英语电影字幕翻译者亟待解决的问题，但在此之前，他们需要了解的就是英语电影字幕的跨文化因素。

（一）文化背景及带来的影响

在不同的文化背景之下，翻译者对同一个语言的翻译不尽相同，比如，中国有句古话叫“谋事在人，成事在天”，因为中西方文化背景下“天”的含义不一样，西方信仰的天是上帝，也就是 God，所以在翻译的时候会译为 Man proposes，God disposes。而在中国，天就是老天爷，翻译过来会倾向于用 Heaven 这个词，也就是 Man proposes，Heaven disposes。这样直观地把两者进行对比就会发现，翻译者对某个词语的选词取决于他受到何种文化的影响。

（二）翻译字幕的接受程度

以前，英语字幕的翻译者并没有受到很多人的重视，大部分人关注的重点都在英语文本内容的翻译工作上，但是随着时代的发展，越来越多的人开始注重翻译过来的电影字幕，甚至有些电影字幕翻译的好坏将影响整体的观影效果，还决定着观众对电影内容的理解程度。翻译者在翻译英语字幕的时候，需要把观众的接受程度考虑在翻译之内，俗话说得好，一千个人有一千个哈姆雷特，就算是相同的人在不同的阶段对同一段话的理解都不一定相同，不同的人看待同一段话就更不会相同，而产生不同理解的原因和他们所处的文化背景和所学知识有很大的关系，所以，翻译者在翻译英语文本的时候，需要根据观众对同类型电影的理解能力来进行符合他们接受度的翻译，而不是仅仅着眼于翻译词句和运用修辞手法。

（三）英语台词的文本考量

在对英文字幕进行翻译的时候，不是遵循一种翻译原则，而是需要根据台词文本的不同属性用相应的翻译方式进行翻译，所以，翻译者在进行英语字幕翻译的时候，首先应该考虑对台词文本进行分析，找到合适的翻译方式，然后才开始进行翻译工作。根据英语台词文本的不同属性，大概可以分为两类：记录性文本和工具性文本。记录性文本注重的是台词内容所传递出来的最真实的信息，这就需要翻译者在翻译的过程中正确把控语言的灵活性，如何将翻译过来的内容更贴近原意，并在此基础之上适当地增减情节来加强事件的戏剧性表达效果。比如：He is a university student. 原本的意思很简单，就翻译成"他是一名大学生"。但是因为字幕的长度和影片中演员的口型以及配音的长度要尽可能地协调，所以翻译者需要对这句话进行适当的增加，从而让观众有一个更好的观影体验。因为字幕翻译有一个不成文的规定，如果英语的句子有八个音节，在翻译的时候就需要八个汉字长度的中文与之匹配，所以在扩充"他是一名大学生"的时候，可以从 is 这个时态出发，因为是一般现在时，就加上"现在"这个词，最终翻译为"他现在是一名大学生"，这个翻译的长度和原句长度比较吻合，符合台词文本翻译的基本要求。另一种工具类翻译就是把原来的语言转化为目的性的语言，从而让观众明白其做这件事的意义所在，这种文本翻译的关键就在于能否完全忠实于原文，不会因为迎合大众的需要而改变意思。

二、英文电影字幕翻译的策略

电影本身就是一门艺术，在对电影文本进行翻译的时候，不仅要实现语言文字方面的转变，更重要的是整个电影的语境也需要无误差转变，从而达到最终的翻译形式，而在进行英文翻译的时候，主要有以下四个策略：删减、压缩、直译和意译。

（一）删减策略

电影的字幕有时会受到时间和空间的影响，这就需要翻译者根据实际情况对翻译内容进行删减，尤其是翻译有特殊意义的抽象词汇时，不能简单地进行逐字翻译，而是要根据台词的大背景以及翻译者对台词的理解能力进行删减，从而突出电影的核心故事信息，具体可分为缩减性和删除性意译。这两种删减策略顾名思义，缩减性意译是对原句中的某些词句进行精练之后再进行翻译，删除性意译则是删掉不影响原句意思的细枝末节的词汇，使翻译出来的句子更加通俗易懂。举个例子，Flipped 中有一句台词：He was so embarrassed that his cheeks turned completed red. embarrassed 和 his cheeks turned red 在这里有着同样的意思，就是因为害羞而脸红，这种翻译用到了缩减性意译的方法，简单明了地把这句话的意思表达了出来；另一个删减性翻译的例子，I…I absolutely，totally and unduly adore you and I just think you are the most beautiful womanin the world. 这里的 absolutely，totally，unduly 都是形容非常的意思，在这里表强调，在翻译的时候可以适当地进行删减保留一个，如果要强调重复，可以用省略号来表达重复的次数，翻译成“我非常……崇拜你，你是这个世界上最漂亮的女人”。

（二）压缩性策略

有时候需要翻译的英文是一个长句子，里面会涉及不定式短语和定语从句，这就需要翻译者把句子化繁为简，把长句子分成一个个独立存在的句子，然后对比相关信息进行组合翻译，使观众既能理解句子的意思，又能减少翻译的工作量。比如《呼啸山庄》中有句话，He’s been using you，to be near me，to smileat me behind your back，to try to rouse something in my heart that’s dead. 最后翻译成，他一直在想利用你，利用你来接近我，还背着你对我笑，试图唤起我心中早已熄灭的感情。这种翻译也是带有个人情感在里面的，通过这种翻译表达方式，可以让观众更能体会主人公在说这句话的时候所具有的感情。

三、当今英语字幕翻译的特点

（一）口语、现代语与流行语增多

例如《黑衣人 3》中“There is no such thing as time travel.”翻译为：“你穿越剧看多了吧。”time travel 这个词在句中被译为“穿越剧”，这样翻译既符合原句的意思，也符合当今社会影视的潮流，观众在看到的时候也会觉得很有意思。再例如《花木兰》中的“you mean loser?”如果直译为“你说我是失败者？”无法让观众了解主人公的真实感情，所以翻译者在翻译的时候可以借鉴现在的流行语翻译成：“你说我很衰？”这些流行词汇以娱乐消遣为目的，以最简单的方式获得大众的喜爱。像“Hey，we need a ride.”“Pack your bags，we are moving out.”“The truth is we are both frauds.”这些都适合用流行语来进行翻译，可以依次译成：“哎，搭个便车吧。”“收拾行李，我们走人。”“其实我们都是冒牌货。”这些翻译过来的字幕中“便车”“走人”和“冒牌货”都非常地道，很容易被观众接受。

（二）“名人”名字的套用

在当今经济文化融合的时代，演艺明星和某些网络红人受到了越来越多的关注，很多电影的翻译也加入这一点拉近和观众的距离。比如“I don’t want you to think of meas some sort of authority figure”被翻译为“你不要把我当成大明星周杰伦”。翻译者将“周杰伦”这个为大众所熟知的明星人物代入字幕翻译，不仅可以通过他身上的某种特质来表达电影本身需要达到的效果，更能引发观众的共鸣，还可以用轻松的文字内容博取观众的欢心。

综上所述，英文电影字幕翻译其实是一门学问，翻译者要有强大的词汇和文化背景知识，可以说是各国历史文化的见证者，同时，翻译者还需要紧跟时代的潮流，用最通俗易懂的方式进行文字的翻译，毕竟在现今这个社会，字幕翻译的好坏将直接影响到观众的观影评价，翻译者还需要综合运用删减、压缩、直译和意译这四个翻译策略让观众能够身临其境，理解电影真正想要表达的意思，使他们在关注自身文化的同时也可以感受其他国家的文化，从而促进各国文化的交流与融合。

第五节　地方高校商务英语翻译教学中学生跨文化交际意识培养

随着经济全球一体化的发展，国际的交流与沟通成为商务发展的主旋律。近年来许多高校相继开设了商务英语专业，其中商务英语翻译课程是主干课程。商务英语作为国际的商务活动语言沟通的工具，也为商务活动的顺利开展提供了必要保障。加强翻译教学中的文化交际意识培养，既是高校商务英语专业教学的重点之一，又有助于促进高校学生跨文化交流沟通能力的进一步提升。

一、地方高校商务英语翻译教学概述

随着对外贸易的蓬勃发展和外贸企业的不断增长，社会急需一批既具备一定的国际商务英语沟通能力，又具备相应的商务专业知识的复合型人才，在此需求下商务英语专业应运而生，本专业的毕业生具有较大的市场就业空间。在开设商务英语专业的高校中，无一例外地将商务英语翻译作为了本专业的专业必选课程。商务英语翻译技能成为学生能否胜任将来工作岗位需求的关键。

二、地方高校商务英语翻译教学存在的问题

（一）教师方面

虽然众多地方各校为满足社会需求，跟随时代发展潮流，纷纷开设了商务英语翻译课程，然而，许多英语教师自身的跨文化意识薄弱，学校缺乏既具有精深的英语知识又精通商务专业知识的复合型教师。多数高校英语教师没有商务专业知识学习的教育背景，即使具有专业学习的经历，也缺乏实践经验。以笔者所在高校为例，本部门 16 位专任英语教师中，仅有 4 位教师具有“双师型”教师资质，而其中仅有 1 位教师具有实际的商务实践经验。其他教师教授的知识均来自书本，教学中主要以理论讲授为主。商务英语授课形式多数为传统的教学模式，其英语翻译教学模式较为陈旧。虽然有些教师尝试运用新的多媒体技术，并在教学过程中通过网络搜集引用最新的资讯和与课程密切相关的其他资料，但是从整体效果来看，其课堂内容与实践脱轨情况严重。现代社会信息瞬息万变，知识的更新速度远超过学校课本的更新速度，达不到理想的教学效果。

（二）学生方面

作为商务英语专业的学生，对其英语专业基础知识的要求很高，然而地方高校的英语专业学生普遍存在学习热情不高，人文素养相对较低等现象。当前，实用主义的思潮对高校学生的影响较大，高校“严进宽出”的现状，致使许多学生对自身的学业要求不够重视，再加上部分学生英语基础薄弱，进而导致了学生在阅读、听说等能力方面的欠缺。另外，学生普遍缺乏人文教育，致使人文知识储备相对欠缺，对国外文化知之甚少，缺乏跨文化意识和人文素养。这都给翻译教学带来了障碍，学生很难积极主动地进行翻译的学习，商务英语翻译能力很难获

得真正的提升。

（三）教材方面

教材是教师授课的依托，是实现教学目标的保障。尽管我国自 20 世纪 80 年代以来即开设了商务英语的相关专业，商务英语翻译的书籍数不胜数。但从总体来看，商务英语翻译教学缺乏统一规范的商务英语翻译教材是高校普遍存在的问题。有的院校为提高学生的

英汉翻译能力打基础，采用英语基础翻译教材代替商务翻译教材，初衷虽好，却忽视了跨文化交际能力的培养和商务翻译实践能力的提高，并且挤占了商务翻译教学的学时；部分商务英语翻译教材采用全英文撰写，专业术语繁杂，学生学习难度过大，也导致了学习挫败感的产生，影响到教学效果的实现。有的教材编写时间过久，内容相对陈旧，已无法满足实际需求，不能适应当前的社会发展需求。

三、商务英语翻译教学中跨文化交际意识和能力的培养

（一）改革教学模式

1. 改进商务英语翻译的教学模式

随着社会的进步和发展，语言也在不断变化和丰富。社会对人才的需求也越来越高，对商务英语专业的毕业生也是如此。商务英语教师要及时转变教学理念，改进教学方法，通过新的、适当的教学方法，改变原来枯燥的翻译教学法以适应新的教学环境和教学要求。案例教学法是较为新颖且有效的教学形式。案例教学法是指将真实的案例引入课堂，以学生为学习的主体，老师作为引导者，选取与课程内容相关的案例，引导学生独立思考，自主学习。

实施案例教学法，首先要求教师注意案例选取要符合教学目标，要贴近实际，与时俱进。选取的案例要有代表性，要详略得当，难易度符合学生的实际水平。此外，还要注意案例的可操作性，让学生在具体交流分析时，能发挥积极主动性，实现独立思考和分析应对能力的提升。通过话题性和具有较强实际操作性的案例教学，不仅能增加课堂趣味性，在学生彼此交流的过程中，其语言表达能力和解决问题的能力也得到了训练和提升。这将为商务英语翻译教学中跨文化意识的培养奠定基础，也为今后在实际工作中的人际交往能力和合作沟通能力打下

基础。

2. 提高教师的专业素养

商务英语翻译教师要有不断学习的意识，注重自身跨文化交际能力的培养，应具备较强的商务文化意识。在商务英语翻译教学过程中，往往涉及中西方政治、经济、宗教、习俗等方面的差异。商务英语教师要在教学过程中，创设良好的英语学习环境，注重在翻译课程中介绍英美国家文化。商务英语翻译教学教师在教学中应有意识地培养学生跨文化交际意识。另外，针对目前地方高校商务英语翻译教师师资短缺的问题，相关院校应大力开展专业教师的培训工作。同时，加强和相关企业的合作，通过多渠道引入企业人员对专业教师进行培训。在引入新教师时应注重商务经验背景，尤其应优先考虑有外贸工作经历的人员。在职教师应利用假期或学生实习的机会，深入企业，参与到真实的跨文化交际活动中去，了解实际需求，积累实际经验，使商务英语翻译教学不停留在书本上，从而提升自身的商务翻译能力并将之内化再传授给学生。

（二）提高学生的跨文化意识

让学生进一步明确翻译课程的学习目标和开设的重要意义，使其了解和掌握跨文化交际对翻译学习的必要性，激发学生的求知欲望，提高他们的自主学习意识，特别是对英语国家文化学习的积极性和主动性，督促学生广泛涉猎知识，提高学习效率，从而提升他们的人文素质，为商务英语翻译教学中跨文化意识的培养奠定基础。只有学生自觉地投入学习中，才能有意识地吸收教师讲授的知识，并在英语翻译的实际过程中将自己所学的英语知识结合跨文化意识更好地应用到实践中来。

（三）选取适当的教学材料

地方高校应结合学校学生的实际情况选取适当的教材。教材的选择不能盲目偏爱名家，以免导致选用的教学内容过于陈旧。教材应基于商务英语翻译理论以及实际练习对整个授课过程进行合理化、优化设计与部署，使商务应用的本质特征得到体现。要结合学科特点，选取新理念、新思维的教材，优秀的教材应根据时代发展及时更新内容和词汇。要切实考虑到教材的合理性、缜密性、正确性以及实用性。教师可结合学生的实际学习水平和需求，对教学内容进行适当的增减。可将实际的商务活动内容融入课堂教学中，例如，公司的合同、产品的包装、产品说明书等，针对复杂多变的商务英语环境，将先进的教学理念和商务思维传授给学生，提高教学内容的实用性，使其在实践活动中能够应对。

随着全球经济一体化的不断深化，国家间的经济交流日益频繁，对商务英语人才的需求也随之增加，面对光明的就业前景，商务英语人才的培养受到极大重视，但与此同时，商务英语翻译教学存在的问题也开始凸显出来，作为开展商务英语教学的地方应用型高校，培养具有较强综合商务能力的复合型商务人才、不断提升商务英语教学水平是办学的主要目标。在商务英语翻译课程中，注重学生的跨文化交际能力的培养，对促进英语专业学生英语水平有效提升具有重要意义，从而实现向社会输送翻译水平高、实践经验丰富的商务英语人才的目标。

第五章　跨文化视角下的英语翻译教学的新模式

随着人类文明日臻完美、社会经济日益发达和科学技术日新月异，全世界各国、各民族的经济一体化趋势正在迅猛发展，而世界范围的文化全球化也开始初露端倪。在这样的大背景下，作为全世界的通用语言，英语翻译开始在全球范围内盛行起来，英语翻译教学也随之迅速发展起来，本章将对其进行简单介绍。

第一节　中国英语翻译教学现状

翻译作为一种具休实用的教学手段，被适度而合理地运用于外语教学实践中。随着中国与国际交流更加频繁，综合素质高、专业精通、外语扎实、具备较强翻译能力的实用复合型翻译人才日益受到用人单位的青睐。显然，只靠规模有限的英语专业来培养翻译人才，是无法满足这种需求的，况且英语专业学生的理工科知识极其缺乏，有时根本无法胜任科技英语的翻译工作。事实上，目前不少从事翻译工作的都是非英语专业的人员，他们具备较丰富的专业知识，通过实践的磨炼，翻译能力得到极大的提高，完全能胜任工作。这昭示着非英语专业学生是可以成功转型为翻译人才的。然而，转型给大学英语教学改革带来了前所未有的巨大挑战。传统的大学英语翻译教学只是教学翻译，并存在着诸多问题，不利于学生翻译能力的培养，更不利于学生的成功转型。

当前，我国大学英语教学正在进行新一轮的改革。为了适应高等教育新的发展形势，深化教学改革，提高教学质量，满足新时期国家和社会对人才培养的需要，教育部已颁发了《大学英语课程教学要求（试行）》（以下简称《课程要求》），作为高校组织非英语专业本科生英语教学的主要依据。《课程要求》明确指出：“大学英语的教学目标是培养学生英语综合应用能力，特别是听说能力，使他们在今后的工作和社会交往中能用英语有效地进行口头和书面的信息交流，同时增强其自主学习能力、提高综合文化素养，以适应我国经济发展和国际交流的需要。”英语综合应用能力包括听、说、读、写、译五个方面，翻译是有效进行口头和书面信息交流的重要技能。因此，翻译教学是大学英语教学的重要组成部分。

一、翻译课堂教学现状

目前，一部分翻译课教学以课堂为主，以书本为中心，教学模式相对单一。教师对语法知识传授投入了较多的精力，但由于课时所限，难免顾此失彼，在翻译技能培训方面不够重视。学生往往追求正确答案而不求甚解，没有积极思维意识。这往往影响学习效果，无法更上一层楼。此外，调查发现，我国的大专院校学生对英语的词汇、语法的学习大都比较关注，常常将大部分时间都花在词汇、语法等语言点上，而这不利于应用能力的培养与提高。

二、翻译教学理论和实践的关系现状

南京大学外国语学院博士生导师柯平教授认为，能够帮助学生对翻译的原则形成较为健全的意识，并能使其自觉地将所学到的翻译知识运用于自己的翻译实践，是翻译教学最重要的目标之一。而这种健全的翻译原则意识很明显地只能建立在某种健全的理论基础之上，所以任何一种严谨的翻译教学都要以中肯且切要的理论作为指导。和其他课程相比，翻译课的实践性较强。因此，翻译教学不能只局限在教师讲解或学生练习的单项活动的层面上，而应是教师讲解理论知识，学生实践练习的一种较广泛的教学行为。作为一名初学者，他所学习的理论知识一般只涉及翻译操作的一些基本知识和技巧，所以他们的每节课教师讲解的内容都没有其他课程那么多，这也就使得有时候教师会感觉到初级翻译课程没什么可讲的，他们会将大部分时间留给学生去进行英语翻译练习。而相对于这门课来说，翻译练习确实需要占用很多的时间。所以如何组织学生进行翻译练习，如何调动学生练习的积极性，如何激发他们的兴趣和合作精神，如何让他们主动而不是被动地参与练习，是翻译教师们需要摸索和探讨的问题。学生接受事物的能力存在一定的差异，因此选择翻译材料的难易等问题都会影响到教师的课堂组织与管理。而在学生进行翻译实践的过程中，他们基本没有或很少将理论运用于实践中。因此，如何选择翻译材料就成为教师必须考虑的一个问题，如果翻译材料较为简单，就不易引起学生足够的重视；如果翻译材料太难，又会让学生失去翻译的兴趣，有时甚至会导致学生放弃翻译。可见，英语翻译教学中诸如此类的因素常常会直接或间接地造成教师的理论讲解和学生的实践练习结合不起来，或者使学生在实践中不能将已学的理论知识和实践结合起来，使得理论与实践相脱节。

三、教学与测试的关系现状

当前，由于缺乏统一的英语翻译教学的教材和教学大纲，各学校在教学安排上也具有较强的随意性，这也就造成了英语翻译教学重点不突出，翻译能力测试评估不规范，翻译教学内容覆盖面较窄，翻译测试目的不明确，缺乏较为统一、客观、科学的评价体系的结果，且在测试中常常不会涉及学生翻译的技能测试，也就导致学生认为考试不考，所以也不会学习，最终无法巩固所学知识的现象，即翻译教学和测试不同步。此外，从四六级考试上来看，英语翻译考试只占到了四六级整体考试分数的5%，而听力及阅读理解占的比重很大，这也就导致学生对翻译学习的倦怠，甚至完全没有把翻译能力重视起来。

四、教学内容现状

随着科学技术的快速发展和社会的不断进步，今天已经处于一个经济、文化多元化发展的新时代，人们的思想意识和观念也随之产生了变化，这种大氛围的改变使得学生的思想、个性也从根本上发生了深刻的改变，从而需要更丰富、更新鲜的教学内容来刺激他们的神经，激活他们的学习动力。但是，在今天，大部分院校的英语翻译教学内容仍旧大量沿袭和采用传统的教材，这些传统教材的专业性一般都较强，且比较偏重于理论，也不能反映现代社会的社会现实。同时，能够反映时代信息的科技、外贸、影视、媒介、法律、军事等题材的教材很少。这种情况下，学生不仅无法掌握更多的相关专业知识和专业术语，传统教材也给学生的翻译学习和实践造成很大的困难。

此外，有的学校给所有专业的学生配备了同一本翻译教材，而专业不同的学生对英语翻译的需求也是不同的，因此这种情况不仅不能满足各个专业的教学需求，而且会导致学生学不到和自己专业相关的语言知识，更不用说学到更多的翻译技巧了，同时学生的学习兴趣就会大减，学习的积极主动性也受到很大的打击。可见，在现代社会环境下，英语翻译教材的内容是否新鲜和全面都会在很大程度上影响学生的英语翻译学习，以及英语翻译能力的培养和提高，因此，使英语翻译教学内容与时代同步已经成为发展英语翻译教学刻不容缓的重要举措。

五、教学模式现状

纵观近几十年来的大学英语教学，翻译一直未受到足够重视。受考试的影响，在听、说、读、写、译五项技能中，翻译一直摆在最次要位置。教师只重视与 CET－4 和 CET－6 考试有关的英语听力与阅读的学习与训练，对“译”的处理则完全局限于课后的翻译练习，而课后的翻译练习是用来检查和巩固学生对课文的语言知识的理解，至于翻译习题的讲解则仅仅是对照标准答案，既不系统地讲翻译技巧，也不提任何翻译理论；更何况这种练习一般都只是以词和句子翻译的形式出现。句子的翻译如果离开了语境将什么也不是，而一个词在新的语境当中将会是一个崭新的词汇，会呈现一个新的含义。根据德利尔的观点，这种教学方式为“教学翻译”而不是“翻译教学”，或有的教师虽然讲解了一些单句的翻译技巧，但并不系统化，结果造成了学生在课堂单句翻译时，尚能将理论与实践对应，而一旦进入课外的真实语篇翻译，就发现方法、技巧似乎一条也用不上，有时是该用的地方根本想不到要用，有时是张冠李戴，不该用的地方胡乱套用，从而导致了学生学习兴趣的下降。陈旧的教学模式严重阻碍了学生翻译能力的发展和提高。

目前大学英语教学中涉及翻译方面的翻译教学，除课文的英译汉外，主要是指导学生做汉译英练习。通常的做法是：先布置学生做练习，然后批改练习，力求将学生作业中的错误全部挑出，并逐一改正；最后讲评练习，仍以改错为主，针对普遍性的典型错误一一评析。这种教法不仅费时费力，而且效果不好。教学法仍是教师的“一言堂”，不符合“以学生为中心”的现代教育理念，课堂气氛沉闷，教学效果不好。因此，在翻译教学中，应该强调“以学生为中心”的现代教育理念，注重对学生学习过程的研究，改进翻译教学方法。以讲评翻译练习为例，就应一改过去教师包办和“一言堂”的做法，发动学生同桌互改，或小组讨论集体修改，或针对某一学生的作业，由全班同学讨论修改。这样的教学方法，可以开拓学生思路，培养他们主动学习、自己发现问题并解决问题的能力，还能活跃课堂气氛，改善教学效果。

六、学生个人翻译素质现状

（一）学生个体素质的差异性对翻译教学的影响现状

大学英语是一门公共必修课，它针对的是非英语专业的大学本专科学生，学生的个体存在较大差异，他们的总体英语水平也不尽相同，因而会对英语翻译教学有不同层次的要求。而学生的个人英语水平也直接影响翻译教学的效果，这并不是说学生英语水平高，翻译质量就高，而是说假如该学生有较好的词汇功底，并能在听力、阅读、书面表达等其他方面都能有较高水平的表现，那么他的翻译教学效果就应该会比较好；假如某学生的英语水平较低，他想要达到预期的翻译教学效果也会比较困难。

（二）学生的英语功底现状

1．学生英语功底不扎实

近年来，我国高校不断扩招，从某种意义上讲，如今的学生的平均综合能力水平不如以往。学生英语基本功不扎实，不仅会直接影响到翻译课程教学，也给教师的翻译课程教学带来一定的困难。《大学英语课程教学基本要求（试行）》（以下简称《要求》）中对大学生的英语翻译能力提出了广泛的要求。《要求》提出，高校大学生应能借助词典对题材熟悉的文章进行英汉互译，英译汉的速度应最慢为每小时300个英语单词，汉译英的速度应最慢为每小时250个汉字。大学生翻译的译文应基本流畅，并可以在进行英语翻译时使用一定的翻译技巧。根据目前的调查发现，虽然我国对大学生的翻译能力提出了具体要求，但是这一要求对今天已经学完大学英语教材的学生来说还是有一定难度的。在大学英语翻译教学的实践活动中，常常可以看到这样的现象：一方面，学生能够明白某篇英语文章，以及文章中的某些段落和句子的意思，要他们做阅读理解或选择填空这种客观性较强的练习时他们可以很好地完成，但是如果要他们用母语（汉语）将这些英语文章或段落、句子准确地翻译出来，就比较困难了。大多数学生在进行英语翻译时，常常会拘泥于原文句子的结构和词序而对其进行直译。另一方面，如果需要将汉语翻译成英语，这对学生们来说困难就更大了。而学生的英语翻译水平在很大程度上影响了他们对语言的学习及其他能力的培养，也在根本上制约了学生英语翻译水平的提高。

翻译能力是语言综合运用能力之一。然而，从被公认为可以衡量英语学习者水平的一些大型标准化语言测试可以看出，学生的翻译能力有待提高。

首先，部分学生不能正确选择词义或者根据上下文引申词义，从而造成译文理解上的障碍，甚至闹出笑话。

例 1：The aim of this course is to develop the students’ reading skills.

译文：这门课的目的是发展学生的阅读技巧。

例 2：They have developed an interest in gardening.

译文：他们对园艺发展了兴趣。

例 1、例 2 的译文不太精确，但意思还能理解。develop 在一般情况下译为“发展、开发”，除此之外，还具有许多其他意义。例 1 中的 develop 可解释为“培养”，翻译成“这门课的目的是培养学生的阅读技巧”比原译文更好。例 2 中的 develop 应解释为“产生”，正确的译法是“他们对园艺产生了兴趣”。由此可见，学生在确定词义时，必须根据该词在行文中的搭配、组合关系来判断。英语单词的词义比较灵活，同一个词、同一词类，在不同场合往往会有不同含义，必须根据上下文的联系、逻辑关系或句型来判断和确定某个词在特定场合下应具有的词义，甚至还要将词义加以引申。如果脱离上下文，孤立地译一个词，就很难确切表达句子的深层意义。

其次，学生汉语译文的词序或句序，拘泥于英语原文的词序，在英汉表达习惯不同的情况下，常出现一些牵强、别扭的译文。

例 3：It is simple that different people do the same things in different ways

译文：只不过是不同的人做同样的事以不同的方法。

例 3 译文的词序显然不符合汉语表达习惯。英语中短语状语可放在被修饰动词之前或之后，而译成汉语时，大多数放在被修饰动词之前，当然也有放在后面的，应灵活翻译。这句应译为“只不过不同的人用不同的方式做同样的事情而已”。总之，由于英语和汉语表达习惯不同，在不少情况下，译文必须改变词序或句序。这一问题应当引起广大学生的重视。

学生通常不善于根据汉语译文的需要而改变词量，添加词或减少词也是在译文过程中常见的错误。英语原文中有几个词，其译文就有几个词，这种译文常出现错误甚至过于累赘。

例 4：Matter can be changed into energy，and energy into matter.

译文：物质可转化为能量，能量进入物质。

例 4 这句译文，让人看了莫名其妙。英语中常因惯用法或上下文关系，省去不影响理解全句意义的词语。但汉语译文中必须增译这些省去的词语，否则译文就不够清楚。此句英文的后半句省去了动词 change，在翻译成中文时要添上。正确译法是"物质可转化为能量，能量也可转化为物质"。

再次，模式固定。英语中被动语态使用较广，学生翻译这种句型时经常译成"……被……"，使译文生硬。

例 5：It is considered of no use learning a theory，without practice.

译文：脱离实践学理论被认为毫无用处。

这样翻译虽然并没错，但很牵强。由于汉语中被动句的适用范围很狭窄，所以在翻译被动句时，除一些可以保持被动态外，很多情况下可译成主动句。这句话可译为"人们认为脱离实践学理论毫无用处"。

最后，英语中经常会出现很长的句子，学生在译这些长句时，往往不善于将长句中的前置词短语、定语从句等转译成分句，从而在译文中出现人们不习惯的外语式长句。

例 6：I am one of the many city people who are always saying that given the choice we would prefer to live in the country away form the dirt and noise of a large city.

译文：我是许多总是说如果让我们选择，我们宁愿住在乡村，远离大城市污秽和喧嚣的城里人之一。

例 6 用了一句定语从句，译文语法上没错，但不符合汉语表达的习惯，当英语定语从句的结构较为复杂时，可以将句中"××的"定语部分译成分句。这句可这样译"许多城里人总是说，如果让我们选择，我们宁愿住在乡村，远离大城市的污秽和喧嚣，我也是其中之一"。

最后，英语中被动语态使用较广，学生翻译这种句型时经常译成"××被××"，使译文生硬。

学生在学习翻译的过程中，发现自己的不足后，有的非常重视，对翻译学习也持认真的态度，然而他们却没有找到适合自己的学习方法，以致事倍功半，并且产生了畏难情绪。另外还有些学生，学习态度不端正，往往是看看答案，或者是大致地翻译后便去对答案，这种学生的依赖心理和惰性都比较强，一旦发现自己的翻译能力总是不能提高，就产生了焦虑的情绪。从平时学期考试和历届四六级考试的成绩看，学生的实际翻译水平亟待提高。很多学生的翻译测试部分是交了白卷或胡写乱画的，这直接影响了他们的整体英语水平。对学生的调查问卷结果显示，越来越多的学生已经意识到了这个问题，并由此产生了极大的焦虑心理和畏难情绪。同时，学生的翻译练习实践中也暴露出了很多不足。很多学生在平时的学习过程中，钟情于林林总总、五花八门的教辅书，对教师布置的课文或句子翻译练习，直接在教辅书上对一下答案了事，不进行仔细的推敲和揣摩。就是在做模拟试题时，也是跳过翻译部分，或草译一下便急于核对答案，结果当然可想而知。这样的学生惰性强，只寄希望于教师讲解，不愿亲自下功夫实践，只是盲目焦虑，依赖心理重。另有一部分同学认识到了自己的翻译能力不足之后，非常重视，对平时的翻译学习和操练也持认真的态度。可是他们没有找到适合自己的学习方法：或找一本翻译理论书硬啃条条框框，或稀里糊涂地做一大堆练习而不善于及时归纳总结知识要点，更不懂得将翻译学习与其他技能的提高互联，其结果是感到翻译学习事倍功半，又产生了畏难情绪。这都不利于翻译知识的学习和翻译能力的提高。

2. 学生对英语文化不甚了解

目前我国的学生对英语文化知识的了解较少，这也是造成他们在进行英语翻译时语误频频的重要原因。

调查发现，现阶段我国大批院校在英语翻译的教学中对与英语相关的文化知识重视不够，这就使得学生对西方民族文化的习惯、信仰以及价值观等方面的背景知识文化不甚了解；同时，在英语翻译学习中学生也没有进一步地去了解英语单词在不同句子中的不同意思，使得他们只会按照字面上的意思去进行英语翻译。举例来说，英语单词 help 最普遍的意思是“帮助”，但是它在不同的句子里有不同解释，拿“Please help yourself to some pork.”这个句子来说，意思是说“请随便吃点肉。”，help 在这里充当的是句式的一部分，因此不能拿来单独翻译；而“The medicine helps a cold.”这个句子指的是“这种药可治疗感冒。”，可见在这个句子里也不能直接地将 help 翻译成“帮助”，而要依据上下文的意思进行翻译，在这里译成“治疗”就比“帮助”更加确切。学生们因为对西方文化缺乏一定的了解，再加上汉语语言习惯和思维惯性的影响，在具体的英语翻译实践中，常常会造成对英语的误解，致使出现翻译语误，例如在“You are a lucky dog.”这个句子中就不能将 lucky dog 翻译成“幸运狗”，而应将其翻译成“幸运儿”，之所以这么翻译，是因为在西方国家里，狗被看成人们的好朋友，因此也就有褒义。此外，在学习英语翻译的过程中，学生也常常会因为对西方语言环境及文化的不了解，而译出一些中国式的英语，从而闹出笑话，类似的例子有将“好好学习，天天向上”翻译成“good good study，day day up”，将“给点颜色瞧瞧”翻译成“give some colour see see”等，产生这些现象的根本原因往往是由于学生对西方的思维方式、表达习惯等不了解。

七、教师素质现状

大学英语教师队伍中，相当一部分是从学校到学校的教师，他们的翻译实践很少甚至为零，根本不知道如何捕捉翻译的时代脉搏，从而导致了学生所学与社会所需严重脱节，而翻译教学思想应该反映时代的特征，体现翻译所肩负的重大使命，这是翻译教学最基本的价值观；另外，国家为了满足高等教育大众化的需要和经济发展的要求，高等教育的规模按每年 8%左右的速度继续发展，目前英语教师和学生之比已达到 1:130。师资紧张直接导致了班级规模日益扩大。授课班级过大、学生多，不少教师难以因材施教，只能以“满堂灌”的形式来开展课堂的翻译活动；此外，迫于平时工作繁忙，科研任务重，教师没有足够的时间和精力进修或自修以提高自身的素质和业务能力。以其昏昏，怎能使学生昭昭呢？学生的翻译能力可想而知。

八、翻译教材现状

目前的翻译教材一般都会涉及翻译理论知识（翻译技巧和基本技能）的讲解，而这些基本理论的讲解对翻译的初学者来说是非常必要的，俗话说“没有规矩不成方圆”，因此对于初学者来说，如果没有一定的翻译技巧和技能的指导和制约，他们便不知道如何才能更好地翻译，也不知道自己的翻译是好还是不好。

然而，由于目前高校所使用的翻译教材不太容易进行举例教学，且其中的文学类例子较多，对于翻译初学者来说较为困难，而适合他们的简单的、基本的例子则相对较少。同时这些教材还存在一定的滞后性，教材内容大多滞后于时代的发展，因而缺乏合适的、时代性强、信息性强的翻译例子。在这样的情况下，学生会因为教材内容较难或较为乏味，不能引起他们学习英语翻译的兴趣。最后，从教材设置上来看，大部分的教材都更加重视学生听说能力的提高，对于学生听说能力的培养也都有专门的辅助教材，而提高学生翻译能力的辅助教材的数量却相当少；在教材中，翻译练习的数量也较少，即便有练习，也大多为汉译英练习，也就是说学校在学生翻译能力培养的认识上存在着一定的误区，使得不少学生只要提到翻译，就会下意识地认为是将汉语翻译成英语，却在很大程度上忽略了英译汉能力的提高。调查发现，在非专业英语教材中，基本上很少甚至没有提到英语翻译的技巧及理论问题，这就使得很多学生只知道翻译实践，却不重视翻译的技巧及理论指导的学习。

针对上述情况，建议教师首先要确立翻译作为语言基本技能来教的指导思想，充分利用精读教材所提供的语言活动材料，把翻译知识和技巧的传授融入精读课文的教学中，有意识地培养学生的翻译能力。例如，教师可以在每篇课文中有目的地选取一些句子或段落对学生进行有针对性的翻译训练，通过原文与译文在词的语义和语用、句子结构、语篇布局等各个方面的深层次对比分析，使学生理解翻译知识和技巧，还要辅以适当的补充练习，使学生在句子和语篇层面上加强翻译训练，做进一步的消化巩固。练习的形式可以是多种多样的，课内的，或是课外的，独立思考，或是开展讨论等。这样的翻译教学是有的放矢的，也应该是行之有效的。当然，对学生翻译能力的培养不应只依赖单方面的翻译知识的传授和技巧的训练。听、说、读、写、译五种语言基本技能不是孤立的，而是相辅相成的。在语言教学中，培养翻译能力还要从其他诸多方面着手，如通过加强词汇和语法教学，夯实学生语言学习基础；通过加强精听、泛听、精读、泛读训练增加学生的语言输入，为语言输出做好质量上的前提准备；通过加强中西方文化的对比分析培养学生语言学习和运用中的文化意识，提高文化素养等。

第二节　以学生为中心的英语翻译教学

一、"以学生为中心"教学的概念

"以学生为中心"的教学是由于翻译教师仅作为知识的传授者和指导者的角色已远不能满足教学的需求，因此教师应通过多种途径突出学生的中心地位，形成课堂上的新型师生关系的一种教学模式。这种教学模式认为翻译是对两种语言的创造性运用，因此翻译活动应涵盖交际框架下的语言活动、文化活动、心理活动等内容。这种教学模式重视英语翻译教育的发展趋势，特别重视翻译教学环境和学生作为教学主体这两个因素。由于翻译教学环境趋向于提倡、建立一种交际性的课堂教学形式，也就是要努力创建一种能培养学生独立开展创造性语言转换以及语言交际的环境，因此也就应该特别重视社会背景和文化迁移在翻译教学中的作用。此外，这种教学模式认为教师不应再被认为是翻译操练中的带头人、翻译材料的介绍人或译文好坏的评判者，而应在翻译教学的过程中，明确学生才是积极的创造者，而不是消极的接受者；要重视学生的不同个性、学习风格、学习策略以及在学习过程和学习内容上的学生智力因素。总而言之，以学生为中心的翻译教学就是要充分重视学生在学习过程中的积极作用，充分调动学生学习的积极性和自信心，要尽量让学生自己控制学习内容和方法，鼓励学生参与到教学活动的各个环节中来，鼓励学生更多地对自己的学习负责。

二、"以学生为中心"教学的特点

（一）教师引导，学生为主体

在传统翻译教学模式中，教师通常会处于相对的权威地位，所以人们常常可以看到教师在台上一板一眼地讲，学生在台下不停地记笔记，这也是一种"填鸭式"的教学方法。而"以学生为中心"的教学模式则要求实现教师角色的转移，也就是要将教师角色由主演转变为导演，从而更好地引导、辅助学生学习翻译；而将学生转变为主演，将翻译知识掌握并付诸实践。

（二）教师和学生融洽合作，教学突出实践

与传统翻译教学模式"以教师为中心"不同，"以学生为中心"的翻译教学

模式强调翻译教学过程中学生的主体性。认知理论认为，教学不是知识的“传递”，而是学生积极主动地“获得”。在“以学生为中心”的翻译教学模式中，教师与学生应形成积极的合作关系，也就是说双方应扮演翻译教学中的合作者。

实行“以学生为中心”的教学模式并不代表教师失去权威性，而是仍要以教师作为课堂活动的引导者，采用多种途径突出学生的中心地位。传统的教学法一般是“以教师为中心”的教学方式，这种教学方式通常将改错作为教学手段，将教师提供的参考译文作为翻译课的终极目标，不符合真实情况下翻译的本质特点，在一定程度上扼杀了学生学习翻译的主动性与创造性。可见，传统的翻译教学方式由于过分依赖教师的主导地位，从而在很大程度上忽视了学生的主体地位，也就很难激发学生的积极性，学生不仅没有选择回答问题的权利，而且教师也很难把握及满足学生的真实需求。

“以学生为中心”的翻译教学模式，首先便是让学生在“译”中学习技能。同时，翻译是一门理论与实践相结合的课程，学生在学习英语翻译的过程中要以理论为基础指导，通过大量的实践练习和与参考译文对比来使他们更好地掌握所学的翻译技巧，从而进一步提高翻译能力。

（三）共同参与评价

“以学生为中心”的教学方式要求改变传统的以教师为主体的评价方式，并要实现评价主体多元化，组织学生间、师生间的自评和互评相结合的多层面评价方式。至于如何将评价权利充分赋予学生的问题，则应通过以下几个步骤来实现。

（1）教师应先将学生分成若干个小组。

（2）在完成一种翻译方法或技巧详解和示例后，教师应给学生们布置课前选定的相应翻译练习。

（3）学生完成练习之后，可以考虑进行小组讨论进而评选出能够获得小组成员共同认可的较好译文。

（4）教师检查完各小组译文之后，应对其分别加以评价，并指出这些译文中的翻译较好的部分和不妥之处。

（5）最后教师还应为学生提供参考译文，并鼓励学生指出其中可能存在的不足之处，进而实现师生共同探讨某种译法的效果。

例如：Rocket research has confirmed a strange fact which had already been suspected there is a high temperature belt in the atmosphere, with its center roughly thirty miles above the ground.

教师应给出“通过火箭研究已经证实了人们早就怀疑的大气层中有一个中心在距地面约30英里的高空的‘高温带’的这种奇怪的事实”的参考译文。

学生可以根据英汉长句转换原则，将英语的“树状形”结构转换成汉语的“波浪形”结构，也就是将英语长句译成汉语的若干短句的方法，认为参考译文翻译得比较拗口，通过探讨，可以得出较佳译文。

（1）利用火箭研究，人们证实了早就怀疑的一个奇怪事实，即大气层中有一个“高温带”，其中心在距离地面约30英里的高空。

（2）人们早就怀疑，大气层中有一个“高温带”，其中心在距离地面约30英里的高空。利用火箭进行研究后，这一奇异的事实已得到证实。

（四）重视学生独立翻译能力的培养

“以学生为中心”的翻译教学模式的目的是培养学生独立的翻译能力，而不是只教学生学会翻译某些句子或文章。这种教学模式重视翻译过程，旨在通过教师的指导，帮助学生学会如何理解原文，并且通过恰当的技巧来表达自己的译文。此外，为了树立学生的自信心，教师必须对学生的作业持积极的批改态度。

三、“以学生为中心”教学的活动安排

（一）开列阅读书单

由于翻译是一项实践性较强的活动，所以在翻译教学的所有阶段都必须重视实践练习环节，翻译课程安排则应以实践活动为主线。但也要重视理论指导实践的重要作用，应当清楚的是，如果离开了科学的理论指导，也就没有办法采取高效的实践活动。所以，为了帮助学生在较短的时间内掌握科学的翻译理论知识，教师向学生推荐阅读书单是一个很好的办法，教师可为学生开列如《翻译简史》《翻译理论与技巧》《中英文化习俗比较》等方面的书籍，学生们可以通过这种方式学会用普遍的原理来处理个别的实例，之后再经过教师的指点，学生就可以将实例接通到理论上去，做到真正的融会贯通。

（二）多进行笔译、口译练习，消除文化障碍

学习口笔译的学生不仅要具备坚实的双语素养、文化知识和运用翻译策略的

技巧。特别是在口译教学中，跨文化沟通认知对学习口译的学生十分重要。许多口译初学者在翻译过程中出现错译或误译，并非因为他的语言能力欠缺，而是因为他遇到了无法解决的文化障碍。所以，只有进行不断的翻译实践，才能消除可能出现的文化障碍。

（三）采用多媒体教学手段

由于语言运用是一种多感官的体验，可以通过不同的媒体或者不同的感官渠道传输语言信息，所以很有必要采用现有的多媒体技术进行英语翻译教学。目前很多的学术讨论会、记者招待会或者国际之间的互访宴会等都会采用同声翻译录像、光碟，在翻译教学中就可以利用这些录像、光碟，来创造模拟的现场效果，从而进行英汉或其他语言的互译实践。

四、“以学生为中心”教学的不足

“以学生为中心”的翻译教学模式并不是十全十美的，它同样存在以下局限性。

(1) 如果同一组学生在一起讨论问题的时间过长，一些学生的精力就会逐渐开始分散，有时候他们会讨论某些个人的事情，忘记了正在进行的问题。

(2) 这种方式会助长部分学生的惰性，特别是那些经常处于中下水平的学生，他们会依赖小组成员，而不去思考，他们常常只会等待其他人来回答，也就是说会造成“窃取他人成果”的现象。

(3) 这种教学模式会让部分学生感到困惑，尤其是那些处理语言解码和语言编码能力较差的学生，这种教学方式会使他们对自己的翻译能力感到自卑。

第三节　翻译教学中应注意的环节

一、技巧知识传授与理论知识讲解相结合

大学英语的翻译教学大都以教授翻译技巧和翻译知识为主要内容。但是，如果教师能把翻译理论融会贯通在技巧和知识的传授中，则会有助于学生在翻译实践中学会独立解决问题，通过理论分析克服实践中遇到的困难，认识翻译活动的

基本规律，尽快提高自己的翻译实践能力。就非英语专业课程而言，大学英语精读课中的单句或段落翻译练习是基础阶段综合训练的一个非常重要的组成部分。大学生有一定的英语基础，又有较高的汉语修养，如果教师能在授课中增加一定的翻译理论指导，对学生稍作点拨，便会收到事半功倍的效果。

二、翻译能力与其他能力的提高相结合

翻译教学是包括理解与表达的教学，涉及英语的理解能力和汉语的表达能力。对学生翻译能力的培养，不应只依赖单方面的翻译理论及相关知识的传授和技巧的训练。听、说、读、写、译五种语言基本技能不是孤立的，而是相辅相成的。所以在语言教学中，培养翻译能力还要从诸多方面入手，通过加强词汇和语法教学，夯实学生语言学习基础；通过精听、泛听、精读、泛读训练增加学生的语言输入，为语言输出做好质量上的前提准备；通过加强中、西方文化的对比分析，培养学生语言学习和运用中的文化意识，提高文化素养。

三、阅读的“面”式教学与翻译的“点”式教学相结合

翻译教学与阅读教学有着紧密的联系。阅读和翻译对理解的要求不尽一致，对阅读的要求是理解准确率不低于70%，而对翻译准确率的要求则是100%。因此翻译教学是以阅读教学为基础的，翻译教学经常融于阅读教学中。在阅读教学中进行点式翻译教学，对于阅读教学的深化大有裨益。阅读教学中一部分学生不求甚解，对难句、关键句或难度较大的段落含义不甚清楚，因而要通过翻译表达的反作用，加深学生对原文的理解，进而完全消化吸收。翻译教学有机地融于阅读教学过程中，作为阅读教学过程的一个环节，也将传统的语法翻译教学法与现代的交际教学法有机结合起来，使之相得益彰又各取所需。

四、英语理解的准确性与汉语表达的审美性相结合

尽管大学英语翻译的教学和测试标准主要是考查学生的准确理解力，但表达的问题也不可忽略。表达水平直接反映对原文理解的程度和翻译的质量。理解的程度只有凭借表达，才能得以显现。虽然大学英语教学对翻译教学在语言形式上要求并不很高，但翻译作为一种语言活动必然涉及审美问题。在翻译过程中，审

美意识是一种积极主动的心理活动。对翻译语言作美学上的评价和欣赏，必须把语言所表达的思想感情内容与语言形式统一起来，把语言表达与交际语境统一起来，才能对文本语言做出恰当的审美判断并获得美感。语言审美包括语音、文法、修辞等方面。在翻译教学实践中，学生自身因忙于做抽象的词义及语法分析而忽视语言审美，教师需要在讲授翻译知识和技巧时，注意唤醒学生的审美意识，引导学生在理智分析语义的同时，联系具体语境中的语言形式、交际场合、交际目的等诸多因素，进行具体或整体的感性理解。要说明的是，大学英语翻译教学毕竟不同于其他类型的翻译教学，审美意识的渗透和培养要适时适量，不可喧宾夺主。翻译教学作为大学英语教学的一个重要组成部分，应当予以充分重视。本节简要分析了翻译教学中的一些现存问题及应注意的几个环节。另外，教师应更深入地钻研教材，更合理地设计教学方法，学生也应端正对翻译的学习态度，积极配合教师，扎实、勤谨地进行翻译练习和实践，以达到教学互动、教学相长之境界，使学生的实际翻译能力和水平得到实质性提高。

第四节　翻译教学中跨文化意识的培养

一、跨文化意识的概念

跨文化指的是不同民族文化之间的交流与对话。随着经济全球化、政治一体化及社会活动的全面发展，世界各国之间的跨文化交流也越来越频繁，很多有着不同文化背景的人们之间相互交流的趋势也在不断加强，而在这个过程中，语言就成了他们进行交流和沟通所必需的交流工具。由于语言和文化的关系通常是密不可分的，而语言又是文化的重要组成部分和突出的表现形式，因此可以说语言就是文化的载体。反过来，各民族的不同文化又深深地植根于不同的语言之中。

人类的文化交流有着悠久的历史，它从语言的产生到现在，一直通过语言来进行。而不同的文化之间进行交流（跨文化交流）就必须通过翻译来实现。著名作家于冠两先生说过："人类文化从整体来说，是各国、各民族文化汇聚、交流的产物。"可见，如果没有翻译，跨文化交流也就不可能实现。作为跨文化的桥梁，翻译在信息传递的过程中起着非常重要的衔接作用，这也就使得翻译人员的重要性得到充分展现。

跨文化意识（Cross-cultural Awareness）作为跨文化交际研究的重要内容之一，是指外语学习者对于所学习的目的语文化具有较好的知识掌握和较强的适应能力与交际能力，能像目的语本族人一样来思考问题并作出反应，以及进行各种交往活动。或者说，跨文化意识指的是外语学习者在跨文化交际中所特有的思维方式、判断能力以及对交际过程中不同文化因素的敏感性。在交际过程中，参与者具备这种意识就会受到启发和指导，而不受文化差异的负面影响。在无具体交际事务时，它仍然能够对学习者的学习和思考起着引导作用。

虽然翻译人员非常重要，但是如果译者对语言所承载的文化不甚了解，也就不能准确无误地表达出原句所要表达的意思。因此，多数的译者会在跨文化的交际中促使自己自觉或不自觉地形成一种认知的标准和调节方法，也就是形成一种跨文化意识。也就是说，跨文化意识是译者所特有的判断能力、思维方式以及在交际过程中对文化因素的敏感性。

还有学者认为跨文化意识是人们在进行文化交际中，参与者对文化因素的敏感性认知，他们通常认为跨文化意识分为以下四个层次。

（1）对那些被认作怪异的表面文化现象的认知。

（2）对那些与母语文化相反而又被认为是不可思议又缺乏理念的显著的文化特征的认知。

（3）通过理性分析从而取得对文化特征的认知。

（4）从异文化持有者角度感知异文化。这个层次是跨文化意识的最高境界，参与者必须具备“移情”（Empathy）和“文化融入”（Transposition）这两种能力。移情就是说译者不但要克服语言上的障碍，还要克服文化上的障碍，要能够设身处地地体味别人的际遇。文化融入指的是译者要在充分认识文化差异的基础上，全面了解与原文有关的历史、社会、文化、地理及其他相关知识，进而可以让原文所承载的社会、文化信息等在翻译中得到恰当的体现，也就是要从对方的文化背景上观察和思考问题。从这一点来说，译者是否具有跨文化意识或者这种意识的强弱将直接影响到译文的质量。

考虑到不同文化背景的人所习惯的表达方式各有差异，译者除了要具备扎实的基本功之外，还要努力提高自己对文化差异的敏感性，结合自身的判断理解，正确、恰当、忠实地表达出原文所要传达的意图。这种能力和意识的培养对于译者是十分重要的。

跨文化意识的有无或程度的强弱直接影响着交际的质量。众所周知，英语目前已基本上成为一种跨国界的通用标准语言，然而，不同民族文化的交际者在使用英语进行交际时，在语用习惯上仍存在很大差别。因此，参与交际的英语学习者在具体的场合应做到"量体裁衣"。例如，对于坦率、自信的美国人，与其交流的英语学习者的言语中应尽量避免用 might 等词语；对于办事讲计划、节奏不快的北欧人，与他们交谈时应放慢语速，用清晰详细的字句效果最佳；对日本人，面对不同级别的人时应注意使用不同的称谓；对重修养、讲礼仪的英国人应主动采用礼貌用语等。这些均为在跨文化交际中交际者应有的跨文化意识。可见，对文化差异具有敏感性对跨文化交际有着重要的意义。

二、在翻译教学中培养学生跨文化意识的方法

为培养学生的跨文化意识，教师应在训练学生掌握语言基本功的同时，帮助他熟悉交际文化因素，并能够深入了解和掌握知识文化的内容。通常在翻译教学中会使用以下几种策略来处理翻译中的文化因素。

（一）重视文化知识

教师在进行翻译教学时，不应忽略文化知识要点的教学，要注意语言和文化知识的结合。课程结束时，教师要对语言知识和文化知识进行一个小结归纳，使学生的语言文化知识系统化。尤其应该注意的是，在期中和期末考试的试题中文化知识的考试应占有相当的比例。

（二）运用灵活的教学手段

在进行英语翻译教学时，教师要灵活地运用教学手段，可采用英语实景电影、纪录片等直观教具进行教学，在教学结束后还要组织学生进行讨论。应提醒学生在看纪录片或电影的时候，注意片中西方人日常生活的情景。例如，餐馆服务员和顾客对话、打电话时的习惯俚语、大街上相遇时的交谈等。看过之后，教师可以和学生交换意见，并通过追忆片景，相互提醒，补充片中的对白、旁白、独白等。这样的教学方式对学生获取基本交际文化知识十分有效。

（三）提高学生的阅读量

教师应根据各年级学生的英语学习程度，在教学中有选择性地、适当地引入

一些英语国家出版的涉及这些国家文化内容的书籍、报刊等，将其作为学生的阅读材料，来扩大他们文化知识的宽广度，增加他们对英语国家知识文化了解的深度。也可以通过让学生阅读短篇故事或剧本的方式，要求他们记下其中有意义的文化细节等。事实上，在西方国家，以现实生活为题材的小说、剧本等材料中都包含了大量西方文化方面的内容，对于学生加深对其国家文化的了解很有帮助。同时，提倡学生阅读有关历史、人类学以及社会学方面的书籍，不仅可以帮助学生了解能够体现其他国家文化的具体实例，还能使其掌握一些与文化有关的概念与指导原则，而通常情况下，概念与指导原则往往比实例更为重要，因为他们会给学生提供一个合理的结构，借助这个结构，学生可以更加细致、深入地对本国及别国的文化进行仔细考察。这样一来，学生也就可以用一种比较灵活的态度来尊重、对待这些文化差异，也就不会一味按本国文化的模式看待其他文化。除此之外，一些跨文化交际学方面的书籍可以帮助学生提高对文化差异的理解与认识，这些书籍如《跨文化交际学概论》（胡文仲）、《超越语言》（胡文仲）、《中英（英语国家）文化习俗比较》（杜学增）、《英语习语与英美文化》（平洪、张国扬）、《跨文化非语言交际》（毕继万）、《从翻译史看文化差异》（王克非）等。

（四）合理运用外籍人士资源

合理运用外籍人士资源是指英语的外籍教师作为短期讲学者给学生讲课，或定期请外教、外国专家作相关文化的主题或系列讲座的行为。部分学校常常会举办一些关于社会组织、价值观念、思维模式等有关于西方文化方面的报告或讲座，这些活动常常被学生认为实例新颖、生动幽默、趣味盎然，在学生中受到广泛的欢迎，同时也因为这一做法投资少、效果佳，现在已经被证实了是非常适合我国现阶段大部分地区高校实际的优选教学法之一。除此之外，大多数学校都十分鼓励学生与母语是英语的外国人进行个人交往，其原因在于轻松的个人间的交往有助于学生学到许多课堂上学不到的东西。但到目前为止，这样的交往在很大程度上受到各方面条件的限制，因此开展得不够普遍。

（五）将教学内容融入相关的文化

在教学中，教师应结合具体情境将教学内容融入相关的文化知识之中，教师可以利用课前几分钟，讲解英、美国家的有关知识，特别是文化差异方面的知识。例如，在4月1日，教师可以给学生介绍西方 April Fool’s Day 的相关知识，同时也要告诉学生，节日的目的是彼此开心而不是恶作剧。在介绍 Thanks Giving Day 之前，教师可引导学生将自己了解到的感恩节内容与中国中秋节进行对比；然后，也要指出尽管我们国家没有感恩节，可是我们也要对父母、朋友心存一份感恩之心。Christmas Day 是英语国家最重要的一个节日，就像春节是中国人心目中最重要的节日一样，而且两者存在着许多共通之处，如圣诞大餐和除夕团圆饭，接送圣诞礼物和收受压岁钱等。在师生的热烈交流中，学生得以兴致勃勃地重温相应的一些单词、词组，例如 Merry Christmas，Santa Claus，Christmas tree，jingle bells，make cards，wrap presents，get presents，give presents，eat turkey，See Grandma and Grandpa，the Spring Festival，lucky money 等。

由于培养学生跨文化意识的方法多种多样，不同的执教者所采用的方法也不尽相同，所以取得的效果也就存在着差别。长期以来，国内外研究者对培养跨文化意识有效方法的探讨一直没有停止过。相信随着跨文化交际学、人类学、社会学、社会心理学和教学法等学科研究的发展，人们会探索出越来越好的培养跨文化意识的方法。

第五节　翻译理论在翻译教学中的实践应用

翻译理论的重要性更体现在它对翻译实践的指导意义上。古人云："凡事须由其途，得其法，方能终其果。"英汉互译自然也需要科学理论的指导，此处的理论其实就是翻译实践的必由之路和原则法度。"翻译实践水平的提高，不能依靠提高劳动强度，只能依靠与自然科学和社会科学水平相适应的理论指导。"翻译理论的启蒙性、实践性与指导性不容我们忽视对其基本理论的传播。另外，翻译理论也能促进翻译教学水平的提高。深刻参透新的翻译理论，必然会扩大教师的专业视野，丰富教师的专业知识。这些新的理论经由教师的筛选，融入翻译教学，进而指导学生的翻译实践，必将更快、更有效地为国家培养翻译人才。

一、关联理论与翻译

1. 关联理论

语用学家斯伯博（Sperber）和威尔森（Wilson）综合认知科学、语言哲学和人类行为学的研究成果创立了关联理论，不仅在语用学界反响强烈，对语言学、文学、心理学、哲学等领域也产生了一定影响，对翻译研究也同样具有积极的意义。他们的学生格特（Gutt）运用关联理论对翻译进行了专门研究，并在《翻译与关联：认知与语境》一书中进一步发展了关联理论，阐述了他对翻译研究的启示，提出了一种全新的关联翻译理论，为翻译研究开辟了新的领域。

关联理论认为，若文本话语的内在关联性很强，则读者在阅读中无须付出太多推理努力，就能取得好的语境效果（语境含义或假设）；反之，若文本话语的内在关联性很弱，则读者在阅读过程中需付出较多推理努力，才能取得好的语境效果。从文本的创作或翻译看，好的文本或译本并不是要向读者提供最大的内在关联性，而是要提供最佳的内在关联性。从文本或译本的解读看，读者理解话语的标准就是在文本话语与自己的认知语境之间寻求最佳关联，而不是最大关联。这里的最佳关联就是用最小的推理努力，取得最大的语境效果。文本的内在关联性往往与文本的创作意图、社会功能、写作风格和文体色彩等有关。例如，以信息功能为主、含义单一明确的实用文体，往往提供较清楚的内在关联性，读者很容易直达其意；而意境深远、蕴含丰富的文学作品，其内在关联性较为含蓄，为读者留下丰富的想象和推理空间。但无论文本的文体、风格或功能如何，都应该设想为读者提供最佳的内在关联性，才能使读者从文本话语中获得最大语境效果。

关联理论是以认知和交际为基础的。在关联理论中，关联性被看作输入到认知过程中的话语、思想记忆、行为、声音、情景、气味等的一种特性。语境则是一个心理结构体（psychological construct），它存在于听话者头脑中的一系列假设（a set of assumptions），包括以下内容。

（1）上下文，即在话语推进过程中明白表达出来的一组假设。

（2）会话含意（Conversational Implicature），即按照语用原则推导出来的一组假设。

（3）百科知识，即涉及上述两类假设中相关概念的知识或经验。

任何一个交际行为都是明示—推理的过程。听话人为了理解说话人的意图，必须根据关联理论把对方具有最佳关联性的言语刺激以及当时的交际情景当作信息输入，并从记忆中提取相关的百科知识与之匹配（即做出语境假设），在大脑中枢系统中采用演绎规则对它们进行综合加工（付出一定的努力），最终获得语境效果。因此，话语理解的过程就是通过语境进行推理的过程。翻译的本质也是一种言语交际活动，原作作者与译者构成交际双方，译者和译语读者（接受者）又构成交际双方。原作中的每一个语句、每一段话语对译者而言即是明示刺激（Ostensive Stimuli），这种明示刺激或明示性话语就是一组语境线索，译者在这种言语刺激作用下，就会激活其认知语境，利用词汇知识、逻辑知识及百科知识寻找关联，进行推理，推导出作者的意图，进而理解原文；另外，译者要将自己的理解传达给接受者，就要调用译入语方面的认知语境，尽量将原作内容和形式忠实地表达出来，使译文符合接受者的期待。因此，关联理论框架下的翻译就是一种对原语进行语内或语际阐释的明示—推理活动，这种明示—推理活动要依靠语境实现。

关联理论认为语境不是在话语生成之前预先确定的，而是听话者在话语理解过程中不断选择的结果，它会随着交际过程的发展而不断发展和变更。语境是一系列假设，是一个大范围的概念。在话语理解的过程中也使那些最为相关的语境被激活，通过推理作出判断。要使交际成功，就要寻找话语与语境之间的最佳关联，也就是要找到对方话语同语境假设的最佳关联，通过推理推断出语境暗含，最终获得语境效果。制约相关性的两大因素就是语境效果与推理努力。语境效果大，推理时所付出的努力小，关联性就强，反之亦然。由于认知语境是因人而异的，对同一话语的推理往往也有不同的暗含结果。比如在朋友家聊了一段时间后，起身准备离开，这时天正下着雨，朋友说："在下雨呢。"如果朋友是坐着说这句话，根据已有的认知语境，即下雨时主人常留客人。结合朋友的话便可以得出结论：主人要留客人。但是，如果朋友一边递给客人一把伞，一边开门说这句话，客人就要调整认知语境，搜索有关的信息：朋友大概有事，主人为客人开门常有送客之意，下雨出门可以打伞。根据这一组信息，结合朋友的话，就可以推出结论：朋友至少不反对客人离开。因此，话语理解的过程实际上就是不断激活相关语境，寻找关联，进行推理的过程。

翻译的本质是一种交际活动，译者扮演着信息输入（对原作的理解）和输出（言语产出）的双重角色。不同的译者有着不同的认知语境，同一个译者处在不同的时间、地点也会有不同的认知语境。在翻译过程中，译者必须依赖语境，从原作的言语或语句的刺激中寻找最佳关联，再把这种关联传递给译语读者，也就是说译者把自己的理解传递给译语读者。由于译者的认知语境是动态的，加上不同语言构成的语篇或文本受不同语义、文化等诸多因素的制约，译文不可能完全对等于原文。也就是说，翻译是动态的、波动的。那么，是否说翻译的这种动态和波动性就使译文无章可循了呢？不是的。Chesterman 认为，翻译的成功取决于相关因素的趋同。趋同与趋异是相对的两个概念。“翻译的成功”指的是翻译的效度（Validity），它与趋同度成正比，与趋异度成反比，即趋同度越高，则趋异度越低，翻译的效度就高；反之，趋同度越低，则趋异度越高，翻译的效度就低。所以，要提高翻译的效度，必须尽量使译文向原文趋同，以提高翻译的信度（Fidelity）和质量。

翻译的本质是一种交际活动。译者必须从原作的语句刺激中寻找最大关联，通过认知语境进行演绎推理，识别作者的交际意图，进而用正确的语码传递给接受者。译者只有在原语和译语之间找到它们最大的语义和语用关联时，才能使译文最大限度地趋同于原文。因而，笔者认为翻译的趋同可分为语义趋同和语用趋同。

语义趋同指在语言形式和规约意义（Conventional Meaning）上的趋同，语用趋同则指在内容和隐含意义（Implicature）上的趋同。规约意义的识别受语境的干扰较小，而隐含意义的识别必须借助语境进行推理才能实现。翻译中，译者必须依赖语境，寻找关联，通过推理识别作者的交际意图，并对接受者的认知语境做出正确的假设，选择适当的译语，努力使原作作者的意图与译语读者的期待相吻合。翻译的本质是交际的、语用的。因此，质量好的译文必须兼有语义趋同和语用趋同，仅有语义趋同，有时译文可能传达不出原作的意图，变成“曲译”或“死译”，当然，在无法兼顾语义趋同和语用趋同时，就应该想方设法做到译文的语用趋同，以传达出作者的意图，如例 1 所示。

例 1：John can be relied on. He eats no fish and plays the game.

译文：约翰是可靠的，他不吃鱼，还玩游戏。

例 1 在语言形式和词的规约意义上都趋同于原文，可称为语义趋同，但它没有传达出作者的意图。译者没有结合上下文语境，根据关联原则调用潜在认知语境：英国历史上旧教规定斋日（星期五）只许吃鱼，被新教推翻后，新教徒拒绝在斋日吃鱼，表示忠于新教，“不吃鱼”就转成“忠诚”之意。而“玩游戏”必须遵守游戏规则，因而就有“遵守规则”之意。所以，通过上文“reliedon”这一语境和“eats no fish and plays the game”的隐含意义，该句翻译完全可以做到语义趋同兼语用趋同而考虑译为：约翰忠实可靠，斋日不吃荤，凡事都循规蹈矩。

2. 关联理论在翻译教学中的作用

关联理论对翻译教学有很大启示，它首先告诉人们，要翻译，先要理解原文。根据关联理论，要准确无误地理解原文的语境，根据语境做出认知假设，找出原文与认知假设间的最佳关联，从而理解原文语境效果。寻找关联要靠译者的百科知识，原文语言提供的逻辑信息和词语信息。因此，寻找关联就是认识推理的理解过程。更为重要的是，翻译是作者—译者—读者三元关系，原文作者和译者的认知环境不同，作者力图实现的语境效果同译者从原文和语境中寻找关联而获得的语境毕竟是两回事。这样一来，原文信息和译文传达的信息就不可能完全对等，翻译只能做到“达义”“对体”“求形”。所谓“达义”，就是正确地表达原文的意义，意义是交际的核心内容，意义的篡改、歪曲，谈不上是在翻译，只有准确无误地表达原文的意义才是翻译的首要任务。无论是明说还是暗含，意义的语码转换是可行的。“意义”包括两方面的意思，一个是“意”，另一个是“义”。“意”是指意图，原文作者的意图，翻译就是译意，如例 1，有人因不知道 to eat no fish 和 to play the game 分别是典故和习语，而按字面译成“他一向不吃鱼而且经常玩游戏”。其实 to eat no fish 出自一个典故，指英国伊丽莎白女王时代，耶稣教徒为表示对政府忠诚，拒绝遵守反政府的罗马天主教徒在星期五只吃鱼的习俗。因此，toeatnofish（不吃鱼）是表示“忠诚”的意思。to play the game 和 to play fair（规规矩矩地比赛）同意，由此转译为“公平对等”“举止光明正大”“为人正直”等。所以，以上的话语应译为“约翰为人可靠，他既忠诚又正直”。“对体”是指文体和体裁。在翻译中，两种语言的体裁要相吻合，诗歌绝不可译成散文，戏剧绝不可译成小说。也应该注重语体和文体，Martin Joos 的“五只时钟”理论对翻译很有参考价值。前几年报纸杂志中常将“争夺世界霸权”一语译成 to scramble for world hegemony，但是 scramble 是一个十分正式的口语词，不适用于政论文体。英国作家 Felix Greene 认为，当 scramble 表示“竞争”的意思时，多半用于诸如孩子们争夺一块巧克力时乱作一团的情景，在严肃的场合倒不如中性的 struggle 更为得体。所谓的"求形"，是指两国的文化具有差异，语言表达的形式不可能全部一致，只能做到有者同形，无者异形，译文应符合本国语言的习惯。例如，英语的习词 One boy is a boy，two boys half a boy，three boys no boy 可译成汉语相同的形式"一个和尚挑水吃，两个和尚抬水吃，三个和尚没水吃"，但 He was like a drowned rat 不可译成"他湿得像老鼠"，而应译成"他湿得像落汤鸡"。

综上所述，关联理论对外语教材的编写、词汇的记忆、阅读理解教学、翻译等有着十分重要的借鉴作用，语言教师应学点语言学，改进教学方法，掌握教学技巧，培养更好的人才。

二、认知语言学意义观与翻译教学

1. 认知语言学意义观

传统的意义观主要包括指称论、使用论、行为主义论、真值条件论、概念论、成分论等。这些意义观是四种主要语言学范式的意义观的具体体现，即传统哲学、对比语言学、结构主义语言学和转换深层语法。这四种语言学范式虽有其不足之处，但都属于客观主义语言学范畴。Lakoff 曾严厉地批判了这一语言学范畴。他们指出客观主义语言学对于意义的核心观点是语言是对现实世界的直接的镜像反映，意义来自语言本身，现实世界可以通过语言的意义得到准确的理解。由此得出描述同一场景的不同表达具有相同的意义，因为他们反映的是同一场景，如同一源语表达"玛丽把杯子打破了"既可以翻译为"Mary broke the cup"，也可以译为"The cup is broken by Mary"，因为两种译文反映的是同一场景"玛丽把杯子打破了"。

然而，认知语言学则与客观主义语言学持明显不同的观点，它认为意义不是来自语言本身而是来自对体验的理解。语言仅仅只是起激活意义的作用，语言与意义之间是导引与被导引的关系。而意义就是概念化。具体地说，意义存在于人们的大脑中，而不是语言中，语言的作用只是激活意义和其所属的概念框架。意义或概念化存在于现实世界和概念结构之间的人类认知过程的结果，而认知过程是指人类识解现实世界的过程，因此，意义或概念化是人类用识解方式感知体验现实世界过程的识解结果，每一层意义不仅包括具体的概念内容，还含有相应的识解方式。正如 Langacker 所指出的，语言意义应该由概念内容和识解构成，一种有挑战性的意义观尤其不能忽视后者。由此可知，能够激活相应概念框架中的某一意义的表达必定反映隐含在意义中的某一识解方式。换句话说，某一具体语言构造的使用事实上赋予了所构造的场景某一具体的意象。因此，根据认知语言学的意义观，可断定上段中所给出的例子中的论断是不合理的，尽管“玛丽把杯子打破了”的两种英文翻译可以激活同一杯子摔破的概念内容，但是译文“The cup is broken by Mary”不能激活与原语表达一致的识解方式，因此改变了原语表达的意义。

另外，为了说明认知语言学的意义观，句子尤其是被动句常常用来作为说明例子。在此，必须指出这一做法大大局限了普通读者对认知语言学语义观的理解，甚至会使其误认为认知语言学语义观只适用于句法层面。事实上，词汇和句法都可用来例示这一意义观，因为两者之间没有明显的区分。Langacker 指出词和句子形成了一个符号元素的连续体。这就意味着词和句法都是语言构造，都可以构造该概念或场景，赋予概念或场景识解方式。名词属于词的范畴，由此可推导出指称每一个指称概念的名词实际上都体现了相应的识解方式，以下将以认知语言学意义观为指导具体探讨名词的翻译教学问题。

2. 认知语言学意义观对名词翻译教学的启示

在具体名词翻译教学过程中，教师首先需结合认知语言学意义观探索出具体的名词翻译原则，然后在此原则的指导下以引导的方式与学生探讨具体名词的翻译。

如上所述，意义由概念内容和识解方式构成，译者在用某一名词激活某一意义的同时也是在选择某一意象、构建某一场景，而翻译的性质又是在目的语中再现源语的意义。据此，可以认定翻译名词的原则，即名词翻译应该以认知意义为导向，即意义的概念内容和识解方式都应该在目的语中再现。然而，词本身所具有的特点使得这一名词翻译准则的具体实施困难重重。首先，与句子相比，词虽与句子构成一个连续体，两者没有明确的界限，但是词在结构上比句子稳定，而句子较灵活，更具有兼容性以及词无法可及的优点。另外，人们所涉及的名词都已经深深扎根于汉英两种语言中，因为这些名词所指称的名词性概念主要来自人类所共有的基本领域，如衣食住行等，这就意味着这些概念汉英两种语言都存在并且都有自己约定俗成的词汇表征。因此，如果按照上述翻译原则把汉语名词直接翻译到英语里，结果就会是：虽然原词所激活的概念内容和识解方式在英语里得到体现，但有可能在英语里无法激活与在汉语里一样的概念，甚至会导致误解，反之亦然。因为汉英两种语言在概念化同一实体时所采用的识解方式完全不同，自然无法激活同一概念，如“床头柜”，如果根据上述翻译原则把其译为bed-headcabinet，就很有可能在英语读者头脑里激活的是像衣柜那样的实体，而不是摆在床边的小桌子。因此，以上提出的名词翻译原则只是描述了一种理想状态，考虑到原语意义的成功传递和目的语读者的理解两个因素，名词翻译原则应进一步修正为：在翻译名词时，译者首先应该尽量在目的语中再现源名词的概念内容和识解方式，若无法达到两者的同时再现，译者应该舍弃源名词的识解方式，而选择与目的语一致的识解方式。基于以上观点，以下将探讨概念共享情况下的名词翻译教学及概念缺失情况下的名词翻译教学。

（1）概念共享下的名词翻译教学。汉英在词汇表征同　名词性概念时存在两种情况。第一种情况是同一名词性概念在汉英两种语言中都有词汇表征，且汉英词汇表征体现相同的识解方式。这种情况的名词翻译策略为：如果源名词所表征的概念为汉英两种语言所共有，且在目的语中由体现相同识解方式的词来表征，那么源名词所激活的概念内容和识解方式都应在译文中体现出来，如概念BOOKSHELF在汉语里词汇表征为“书架”，该词体现了功能视角识解方式，即该词所表征的实体是用来放书的。而在英语里，该概念词汇表征为“bookshelf”，其所激活的识解方式与“书架”一样。因此，英译“书架”时，其所激活的概念内容和识解方式都应在英语中得到再现，翻译为“bookshelf”。由于这种名词翻译方法沿用了源名词的识解方式，因此笔者把其命名为传承法。第二种情况是名词所表征的概念为汉英两种语言所共有，但在两种语言中分别由其约定俗成的词汇表征，即源名词所表征的概念为两种语言所共有，但目的语中表征此概念的名词体现不同的识解方式。由于两种语言采用了不同的识解方式，如果硬要在目的语中再现源名词的概念内容和识解方式，其结果只会是在目的语读者头脑中无法激活同一概念内容。因此，为了激活同一概念内容，只有舍弃源名词的识解方式以适应目的语中已经存在的识解方式，如一种发型在英语中表征为“Afro”，其体现了转喻的识解方式，即整个范畴被用来指代这一范畴所特用的特征。而在汉语中此概念表征为“爆炸头”，其体现的是隐喻识解方式，即头发的形状与爆炸时的情景很相似。当汉译 Afro 时，如果其所包含的识解方式保留在汉译译文中而把其译为“非洲”，那么很有可能无法在汉语读者头脑中激活“发型”这一概念。因此，汉译 Afro 时，应该在汉语目的语中选择体现相同识解方式的词，如“爆炸头”“蜂窝头”以及其他体现类似的隐喻识解方式的词。鉴于此种翻译方法涉及参照目的语中的识解方式，把其命名为参照法。

（2）概念缺失下的名词翻译教学。以上主要在阐释翻译性质和认知语言学意义观的基础上提出了名词翻译原则，并在此原则的基础上提出概念共享下的名词翻译策略，即传承法和参照法。本小节主要运用这两种翻译策略来探讨概念缺失情况下的名词翻译，以期能为以后相关名词翻译提供翻译依据，并为评价已有的名词翻译提供评估标准。概念缺失是指源名词所表征的概念是源语所独有的，在目的语中不存在这一概念。对这种情况下的名词翻译方法则为传承法和参照法的结合，即参照与原概念所在的原框架相似的目的框架中相关概念的识解方式，然后决定是否传承源名词所激活的识解方式。例如“毛笔”所表征的概念是汉语所独有的，英语则无此概念，但是英语有这些概念如 QUILLPEN（羽毛笔）、STEELPEN（钢笔）和 LEADPEN（铅笔），其与源名词所表征的概念处在同一框架下，BPPEN（笔）框架。那么翻译“毛笔”时，就需参照原概念的识解方式。如果原概念的识解方式与相关目的概念的识解方式一致，那么原概念的识解方式就在目的语中得到传承。例如概念 QUILLPEN（羽毛笔）、STEELPEN（钢笔）和 LEADPEN（铅笔）分别表征为 quillpen、steelpen 和 leadpen。这些名词表征表明英语是从质地材料视角来概念化相关实体的。而汉语表达“毛笔”也反映了相同的质地材料视角识解方式。因此，“毛笔”可翻译为“hairpen”。这样，不仅原概念中的识解方式在目的语中得到再现，而且也便于目的语读者的理解，因为目的语读者可以通过人类普遍存在的识解方式即类比思维方式来理解 hairpen。通过类比，目的语读者可推导出 hairpen 与 quillpen、steelpen、leadpen 一样，也是一种笔，与其不同的是前者的笔尖是用毛做的，后者的笔尖则分别是以羽毛、钢、铅做的。鉴于此，可试做评价，即前人把“毛笔”英译为 brushpen 这一做法是值得商榷的。此外，如果原概念的识解方式与目的语相同概念的识解方式不一致，那么其应该适应目的语中的识解方式。例如 contactlens 所表征的概念起初是英语所专有的，英语里突显的是眼睛和镜片之间的距离。在汉语里，同处 LENS 框架下的概念词汇表征为“眼镜”“墨镜”等。从这些词汇表征可知汉语主要从镜片位置或颜色来识解这一实体。为此，可以参照这两种视角识解方式把 contactlens 翻译为“眼内镜”或“隐形眼镜”。与此同时，还存在另一种情况，即目的语中不存在与源语所特有的概念处在相同或相似框架下的概念，也就是不存在参照的可能性。例如英语中就没有概念与汉语概念“阴”和“阳”处在同一框架下。对于这种情况，只能在目的语中完完全全地再现原语的识解方式，从而英译为“yin”和“yang”。

综上所述，翻译则是指在目的语中再现源语的意义。根据认知语言学的意义观，意义就是概念化，由概念内容和识解方式构成。在此基础上，人们提出了名词翻译原则：在翻译名词时，译者首先应该尽量在目的语中再现源名词的概念内容和识解方式，如无法达到两者的同时再现，译者应该舍弃源名词的识解方式，而选择与目的语一致的识解方式。在该翻译原则的指导下，人们提出了名词翻译的三种策略，即传承法、参照法以及传承参照结合法。传承性翻译策略是指源语名词所表征的概念为两种语言所共有且此概念在目的语中也体现相同识解方式的词汇，翻译时源语名词所表达的概念与体现的识解方式在目的语中同时获得再现。参照性翻译策略则指源语名词所表征的概念为两种语言所有，但源语名词表达的概念在目的语中是以不同识解方式得以表征的，翻译时则采用符合目的语识解方式的词语。传承参照结合法则指参照与原概念所在的框架相似的目的框架中相关概念的识解方式，然后决定是否传承源名词所激活的识解方式。

3. 翻译教学中认知语言学的意义观与译者主体性

传统意义观根植于客观主义，认为意义是客观存在的，每个句子都有一个客观意义，这个意义并不关乎任何一个人，而是独立存在的。而现代意义观的哲学基础是经验现实主义，认为没有独立于人的认知以外的所谓意义，语言符号不是对应于客观外部世界，人的认知参与了语言的意义和推理。因此，人们说意义不能独立于人的认知以外而存在，而这也同样适用于隐喻的意义。王寅在分析隐喻的工作机制时认为，同一种语言和文化中的交际双方共享的语境知识、文化因素、常规模式等因素是隐喻得以实现其交际价值的基础。在这个基础上隐喻意义才得以形成和识别，即双方达成对某隐喻意义的共识，这样隐喻也才获得其存在的可能，才会具有生命力。但是他同时指出人的认知能力是有差别的，这会导致对隐喻理解的偏差。从跨文化交际的翻译角度来说，这种偏差是大量客观存在的。不同文化背景的目的语读者能否通过翻译来感知到源语中作者要表达的隐喻意义，无疑是检验翻译质量的一个重要标准。翻译是一种语际交流，是一种跨文化交际，也是意义通过译者从作者向目的语读者传递的过程。传统翻译观认为译者居于从属地位，是原作者和读者之间的隐形人。解构主义颠覆了这一想法，认为译文不再是原文的附庸，从此，译者在作者和读者间逐渐开始显露其存在和作用。

20 世纪 70 年代翻译界出现文化转向也一定程度上凸显了译者的主体性。“译者从被动、从属的地位中解放出来，享有翻译主体的充分自由，使平等对话与创译成为可能，译者也因此能突显个人的意志，张扬个性，发挥译者的主观能动性。”但是谈译者的主体性并不意味着译者可以任意妄为。译者的主观能动性必须是建立在客观文本的基础之上的，也必须以译者本身的认知结构为依托，并体现作者的认知结构和对目的语读者认知能力的预测。无论译者在翻译过程中体现怎样的个人意志，采取怎样的翻译策略，译者主体性所起到的作用最终还是为传达意义，即为跨文化交际这一目的服务的。也就是说，译者既要面对原作者、原作，又要面对读者，考虑到读者在自身文化中的接受能力。宗教词汇隐喻的翻译对译者提出了较高的要求，译者须以传达意义为目的。

三、认知语言学翻译观与翻译教学

1. 认知语言学翻译观

认知语言学的翻译观认为，“翻译是以现实体验为背景的认知主体所参与的多重互动作用为认知基础的，读者兼译者在透彻理解源语语篇所表达的各类意义的基础上，尽量将其在目标语言中表达出来，在译文中应着力勾画出作者所欲描写的现实世界和认知世界”。认知语言学的翻译观强调体验和认知的制约作用，重视作者、作品和读者之间的互动关系，追求实现“解释的合理性”和“翻译的和谐性”。认知语言学建立在体验哲学的基础上，用认知语言学的视角去审视翻译，相比传统的以文本为中心的翻译观和传统语言学的翻译观，它突出了主体认知活动在翻译中的表现。这是有关翻译活动的一个本质现象，却一直以来在翻译研究中未能得到足够的重视。同时，相比解构主义、阐释学和文化学派的翻译观等强调译者（即解构者或阐释者）本身的视域、经验和立场等主体性因素在翻译活动中的发挥，认知语言学的翻译观提出要发挥体验和认知对主体性因素的制约作用。

认知语言学的翻译观一方面承认认知活动对翻译的决定作用，即译文是体验和认知的结果，一方面又指出译者作为认知主体之一应受到其他参与翻译活动的认知主体间互动的制约，翻译时应“创而有度”，而不是“任意发挥”，因而它是一种追求平衡的翻译观。换言之，认知语言学的翻译观承认并描述了认知活动在翻译行为中的客观存在，同时又提出译者必须尽量重现原文所表达的客观世界和认知世界；它既是看待翻译活动的一种新的整合性视角，又从认知的角度提出了翻译活动的标准。鉴于翻译教学的对象是未来的译者，而认知语言学直接关注译者认知活动的过程，强调主体的体验性和创造性，重视认知所产生的结果，笔者认为用认知语言学的视角去审视当前的翻译教学，将会有助于翻译研究者和教师在翻译教学相关的一些问题上有新的发现，如课堂教学的具体目标、模式，翻译教材的选择和使用的标准等。认知语言学的翻译观可以为翻译教学提供一种有效的理论模式和支持，以下将以认知语言学翻译观为指导，具体探讨文化意象的翻译教学问题。

2．认知语言学翻译观对文化意象翻译教学的启示

在具体文化翻译教学过程中，教师首先需结合认知语言学翻译观探索出具体的文化翻译模式和文化意象翻译模式，然后在两种模式的指导下以引导的方式与学生探讨具体文化意象词的翻译。

（1）对文化翻译模式的启示。一个社会的文化是这个社会成员所共有的。它的形成建立在社会成员对客观世界的体验的基础上。为此，它必然与其他文化在某些方面具有相似性，这使得不同文化间的交流和翻译成为可能。在当今跨文化交际中，译者成为文化间的协调者。

然而，在体验客观世界的过程中，团体成员不是镜像直接反映外部世界，而是与外在世界互动。互动要求人类充分发挥其主观性来识解现实世界。同时，也是由于人的主观性，使得其识解结果存在差异性。也就是说，在感知同一认知对

象时，人们由于自身体验的差异性，会有不同的认知结果。文化当中的这种差异性充分体现在文化意象中。以“熊”和“老虎”为例，“熊”在中国文化里就被识解为“可爱”和“和平”，而在西方文化中却被识解成“懒惰”和“肥胖”。“老虎”在中国文化中识解成“虚假”和“丑陋”，但在西方文化中就成了“强大”和“快捷”。

(2) 对文化意象翻译的启示。传统上，异化与归化是翻译文化意象的两种主要的翻译策略。韦努蒂认为，异化翻译指通过打破目的语中惯用文化编码以保留外语文本的异域性。这意味着在进行文化意象翻译时，源文化意象应该保留在译文中，尽管这可能违背了目的语的文化编码。显然，异化翻译策略只考虑了源文化或作者的因素，而没有考虑目的语文化或读者的因素。然而，归化策略恰好与异化策略对立，它主张翻译中采用符合目的语表达规范的自然流畅的语言风格，最大限度地淡化原文的陌生感，尽可能使原文所表达的世界与目的语文化读者的世界相近，使作者靠近目的语读者。这种翻译思想在奈达主张的“动态对等”或“功能对等”观点中得到充分体现。奈达指出动态对等翻译旨在达到表达的完全自然性，并试图把接受者与其自身文化语境下的相关行为准则联系起来。在进行文化意象翻译时，就意味着源文化意象应该被消除，因为其对于目的文化来说具有异域性，违背了目的文化的行为准则。显然，归化翻译策略只关注目的语文化或目的语读者的因素。因此，可以说归化和异化翻译策略都具有片面性，它们相互排斥，是两种极端的做法，都不适合当前跨文化交际环境下的文化意象翻译。然而，认知语言学的翻译观在某种程度上克服了这种缺憾，提出了翻译的和谐性。为了实现文化意象翻译的和谐性——文化意象的有效传递和理解，作为文化协调者的译者必须进行翻译中各个因素之间的互动，即要充分考虑源语文化、作者、目的语文化、目的语读者等因素。根据翻译的认知语言模式，译者以其个人经验或百科知识为基础，首先需要识解源语文化意象。而要感知源语文化意象，作为协调者的译者还必须了解文化意象的基础，即源语文化。但是一个文化意象在一种文化中可能有几个相似或不同的含义。这就需要译者通过与源语语境或作者意图进行互动以推敲出某一具体文化意象的“独立于语境的原型含义”。比如，在中国文化中文化意象“龙”有“神圣”“权威”“高贵的性质”“成功”“能力”“雨水”等相似或不同的文化含义。译者就需要通过识解具体的语境和作者的意图来确定“龙”的具体含义。如“望子成龙”中的“龙”就应该识解为“成功”或“能力”。又如文化意象“竹”，在中国文化中有“事情发展得很快”“正直的性格”“冷静的心态”等文化含义。如中国著名诗人欧阳修的诗句“竹矣君子德，猗猗寒更绿”的“竹”就应识解为“正直的性格”这一文化含义。另外，译者应该与目的语文化或读者互动，必须考虑如何使用符合目的语文化编码和语言规则的语言来表达其识解结果，从而使目的语读者较容易地理解译文。译者作为文化的协调者，应该思考采取什么样的方式既能有效地在译文中传递源语文化意象和含义，又能便于目的语读者的理解，从而促进源语文化与目的语文化之间的有效交流，最终实现翻译的和谐性。

根据上文对异化翻译策略、归化翻译策略和认知语言学翻译观的探讨可知，异化和归化这两种翻译策略应该在翻译中适当地结合，两者应该是可相互兼容的组合关系而不是相互排斥的聚合关系。人们把这种处理方法叫作“融合”策略，即文化意象翻译的“融合”策略。

(3) 案例分析。基于以上所论述的文化意象翻译的“融合”策略，教师可结合一些典型的文化意象词来探讨文化意象词的具体翻译。在具体翻译过程中，教师在文化意象翻译模式的指导下，先引导学生去分析该文化意象词在源语文化中的文化含义，然后引导学生去分析目的语文化中在表达同一含义时是否使用相似的手段，如果不是，就要提示学生采用“融合”策略思想思考出既能体现源语文化含义又能便于目的语读者理解的具体翻译方法。

例 1：

a. 她是我们学校的林妹妹。

b. Poor Charlie! Of all the girls in the world, he should have fallen in love with the daughter of a Judas!

原文 a 中，众所周知，“林妹妹”是中国四大名著之一《红楼梦》中的女主人翁。这一人物以其多愁善感和精致的美而出名。在中国文化中，提到“林妹妹”这一文化意象，人们就自然会联想到多愁善感和精致美的特质。但是英语文化环境中没有这一意象，如果译者根据异化翻译策略直接将例句 a 译为：She, in our school, is called Cousin Lin，目的语文化中的读者将无法理解“Cousin Lin”究竟指的是什么，如果对方不能理解，那么文化传递和促进双方文化交流将无从谈起。如果根据归化翻译策略将其译为：She is famous for her sentimental and delicate beauty in our school，毫无疑问，这一译文符合目的语的表达习惯，也便于目的语文化读者的理解，但是“林妹妹”这一文化意象在译文中消失殆尽，结果也没有达到传递文化意象和促进文化交流的目的。而根据融合翻译策略，例句 a 则译为：She，in our school，is called Cousin Lin，a sentimental and delicate beauty，这一翻译策略既达到了传递文化意象“林妹妹”的目的，又便于目的语文化读者的理解。因为译文保留了文化意象“林妹妹”，同时又把其文化含义用适合目的语文化编码和语言习惯的语言在译文中展现出来。这样，目的语读者读到“林妹妹”这一文化意象时可能会感到陌生，难以理解，但当其读到“a sentimental and delicate beauty”时，就自然会把其与“林妹妹”联系起来，从而最大限度地理解“林妹妹”这一文化意象，最终达到促进文化交流的目的。因此，可以说，融合翻译策略比归化或异化翻译策略要更适合当前跨文化交际的形式。另外，人们也看到，这一策略实际上是归化和异化两种翻译策略的有机结合。通过异化策略在译文中保留了源语文化意象，同时通过归化策略使用符合目的语文化编码和语言规则的语言把这一文化意象的含义在译文中表达出来。例句 b 中，“Judas”在《圣经》中是一个背叛耶稣的信徒。现在这一文化意象常常与叛徒联系在一起。那么根据融合策略，例句 b 应译为：可怜的查理！世界上有那么多女孩，他却爱上了一个像犹大那样的叛徒的女儿。

以上结合实例对融合策略这一概念及其操作进行了较为详细的阐释，以下将用此策略对一些已经存在关于文化意象的译文进行分析。

例 2：

a. Mrs Smith is a perfect cat.

译文：史密斯太太是个地地道道的长舌妇。

b. The planners were busy by passing the Gordian knot.

译文：计划者为躲避戈尔迪结，而忙得不可开交。

例句 a 和 b 是归化和异化翻译的典型例子。在译文 a 中，源文化意象完全消除；而在译文 b 中，源文化意象完全保留下来，但不利于目的语读者的理解。因此，从促进文化有效交流的角度考虑，以上例句应分别译为：

a. 史密斯太太似猫，一个十足的长舌妇。

b. 计划者为躲避棘手的戈尔迪结事件，而忙得不可开交。

结合上面的实例分析，学生可能会产生以下两个疑问：一是为什么融合策略能够确保文化之间的成功交流。通过融合策略翻译的译文，如把 Mrs Smith is a perfec tcat 中的 perfect cat 译为“似猫，一个十足的长舌妇”，仍然不能有效地促进文化之间的有效交流，因为目的语（中文）读者不知道 cat 在源文化中有“多嘴”等信息。这种考虑有一定道理，但实属多虑。此时，教师可以在认知推理互明模式的指导下对此问题加以解释。因为融合策略符合人类的认知推理互明模式。Sperber 和 Wilson 认为在交际中交际双方或观众没必要提前知道一些假设，当新信息出现时，他们会根据明示刺激物自行调整语境假设。也就是说，只要假设对对话者是明示的，交际就可以顺利进行。因此，虽然上文中的文化意象 cat 在英语文化中的含义，目的语读者预先不知道，但是通过融合策略，其文化含义已经得到明示，读完译文，目的语读者可能会感叹道：“哦，原来在英语文化中，cat 有‘多嘴’等含义。”然后，根据这一新信息自行调整自己已有的关于 cat 的假设，继续阅读和理解译文。因此，通过融合翻译策略翻译的译文不会给读者带来理解上的困扰，成功的跨文化交际也就得以实现。二是学生还有可能会问这个策略可否用来处理所有相关翻译问题，即融合策略是否具有普适性。教师可告诉学生，每一种理论都有其适用范围，这属于认识论上的问题。融合翻译策略也是一样，其并不企图取代文化意象的其他翻译策略，但主张在当今跨文化交际中翻译文化意象应首选融合策略。全球化环境下，文化间的交流越来越密切，交际中的每种文化都享有平等地位，都应得到应有的尊重。因此，交际中任何一种忽视甚至消除体现他者文化因子的行为都是不明智的。翻译作为不同文化交际的主要手段，是人们了解他者文化最重要的手段之一，也是他者文化容易被忽视的薄弱地带。自 17 世纪以来，西方翻译史上一直都是归化翻译占主导地位，尤其是在英国，究其原因，就是深藏在背后的民族中心主义的意识形态在作怪。他们在翻译中任意消除不符合其文化模式的他者文化因子，这就是“文化霸权”的具体体现。为了抵制这一现象，韦努蒂提出了异化翻译策略。他认为源文化中异质的东西应该在目的语中保留下来。但是韦努蒂通过异化策略号召外国文化应得到与本国文化平等待遇的同时却走向了另一个极端，即他忽视了目的语读者。显然，这些翻译策略都不符合当今跨文化交际的形势。当今世界，和平与发展成为两大主题，“文化霸权”是当今世界所不能容的。而融合翻译策略顺应了当今国际社会的发展趋势，既考虑了源语文化在译文中的保留又照顾到了目的语读者对他者文化的接受能力和理解，从而最终实现翻译的和谐性，促进不同文化间的有效交流。

四、言语行为理论与翻译教学

言语行为（Speechact）早在20世纪50年代就是语言哲学家的研究对象。所谓言语行为指人们为实现交际目的而在具体的语境中使用语言的行为。言语行为并非“言语的行为”，而是一种交际活动，涉及说话者说话时的意图和他在听话者身上所达到的效果，即言语就是行为。言语行为理论的创始人是英国哲学家Austin。他设想了言语行为的三分说：言内行为（Locutionary act）、言外行为（Illocutionary act）及言后行为（Perlocutionary act）。

言内行为指的是“说话”这一行为本身，即发出语音，说出单词、短语和句子等。这一行为本身不能构成语言交际。言外行为是通过“说话”这一动作所实施的一种行为，如传递信息、发出命令、问候致意等。言后行为指说话带来的后果，即说话人说出话语后在听话人身上产生了哪些效果。例如，“我饿了”这一言语行为，其言内行为就是说出这三个字；言外行为是实施说话人的一种“请求”行为，请求听话人能提供一些食物；对方提供食物与否就是言后行为。在这三种言语行为中，语用研究最感兴趣的是言外行为，因为它是同说话人的意图一致的。说话人如何使用语言表达自己的意图，听话人如何正确理解说话人的意图是研究语言交际的中心问题。

1. 理解原文的内涵

翻译是一种跨语言、跨文化的交际行为。根据认知语用学的观点，要确定话语意义，就必须充分考虑说话人的意图或语用用意、交际场合以及听话人的背景知识、信念、态度等语境因素，而语境因素往往又不止一个，它“可以是语言语境（上下文），也可以是具体语境（交际场合），也可以是认知语境（记忆和知识结构）”，说话人正是通过这一系列语境信息来传达他意欲表达的话语意义。从言语行为角度论述翻译，就是要求译者正确领会原作者的主观意图，教师要使学习者认识到，翻译绝不仅仅是一种从原作到本族语的转换，根据言语行为理论，译者在翻译过程中，不仅要理解原文的字面意义，更重要的是要弄清原作者的真正意图，同时根据不同的交际情景、文化传统、社会条件、思维方式、语言结构和表达方式等有的放矢，才能译出精品佳作来，如例 1 至例 3 所示。

例 1：It seems to me what is sauce for the goose is sauce for the gander.

这里译者如果不懂得其内在含义就很有可能译成“我觉得煮鹅用什么酱油，煮公鹅也要用什么酱油”。这样读者就感到莫名其妙不知所云，译者若能透过表层理解深层意义就可译出“我认为该一视同仁”，从而将作者的原意清楚地表达出来。

例 2：Do you think he has it in him? 你认为他干得了吗？

inhim/inher/inthem 中的 in 常表示“有能力做什么”而不是“有什么”。

例 3：The study room had a Spartan look.

这句话的理解就涉及了文化背景知识，因为其中包含了一个典故，如果译成“这间书房有斯巴达的景色”，对于不熟悉 Sparta 的读者就不知其所云了。Sparta 是古希腊的一座重要城市，在历史上占有重要的地位，Spartan 是斯巴达人、斯巴达式的意思，斯巴达人素以刚勇简朴著称，因此这句话最好译为“这间书房有一种斯巴达式的简朴”，并加注（注：斯巴达人以简朴著称）。

2. 翻译时注意言外之意

翻译最主要、最根本的任务是再现原文的意义。美国翻译理论家奈达说：“翻译就是翻译意义。”可见，意义及语用意义是翻译的出发点和归宿点。由于他设计了两种语言的语用原则，推导出原文所示的言外之意并使译文读者理解这一言外之意，使两种不同的语用意义的差异得到沟通、融合。

例 1：Out of sight，out of mind.

其言外之意是看不见的人或物会很快忘掉，意思是看不见就想不起来，所以可译为：别久情疏（眼不见，心不念）。

例 2：A miss is as good as a mile (a failxire is always a failure，however near it may be to succeed；a narrow escape is the name in effects an escape by a wide margin).

再接近成功的失败也是失败，侥幸逃脱与从容脱身都是保全性命。（错误再小终是错，死里逃生也是生。）

例 3：Lock the stable door after the horse has been stolen.

在这句中汉语中的“亡羊补牢”，只是英语中的 horse 变成了“羊”而已。然而“亡羊补牢”往往还有后半句“为时未晚”，意思是一群羊跑了几只，再修补圈也还来得及，受到损失后想办法补救，免得再受损失，可是，英语的言外之意却是：（本来可以预见或防范的事发生了，再采取措施也无济于事了）。仅有的那匹马被人偷走，再去锁马厩的门也没什么意义了，所以英语的言外之意是“来不及”，汉语的言外之意是“来得及”，可见下面的翻译比较得体：亡羊补牢，为时已晚（贼走关门，马后炮）。

例 4：Given a dog a bad name and hang him.（given a person a bad reputation，slander him，and the bad reputation will remain.）

给某人加上一个坏名声，他就永远洗刷不掉；人言可畏，众口铄金（受人诬陷，有口难辩）。

上面的翻译不仅理解英语本族语人的语用意义，还适合汉语读者理解，语用意义一致，相通的译文，使原句的语用意义和译句的语用意义达到契合。

下面的译法就欠妥：

所以，教师在教授学生时，要让学生了解不同文化的内涵及其言外之意。英语和汉语之间有着由人类共性所决定的语言共性，这是英汉语之间得以互译的前提。但英汉语言分属于两种截然不同的语系，两种语言在语音、词汇、语法、语义等各方面差异很大。尤其是两种语言根据其语法关系的习惯用法表现在句子结构和表达方式上存在很大的差异，正是这种差异给两种语言的顺畅互译带来了障碍。如：American education owes a great debt to Thomas Jefferson. 学生原译为：美国教育大大归功于托马斯·杰弗逊。指导后译为：托马斯·杰弗逊为美国教育事业做出了巨大的贡献。学生缺乏对英汉思维差异的了解，过分拘泥于原句的框架结构，导致汉语译文并不十分通畅。在教学中，教师适时地指导学生对两种语言的异同进行对比，增强他们对英汉语言差异的理性认识，力求引导学生在语言学习中自觉探寻并逐步掌握两种语言相互转换的基本规律，掌握英汉互译的基本原理知识和常用技巧，以便有效地指导自己的翻译实践，提高自己的翻译能力。

3. 英汉语义对比的重要性

翻译即译意，对语义的研究无疑很重要。在很多情况下，处于不同语言文化中的人对同一客观事物的反映是相同的，用以描绘这个事物的语言在语义上也没有差异。中国人所说的电视机和英语中的 television 是完全对应的，没有其他附加的文化色彩，这类表示实体的词比较容易翻译。因为在英汉语言中，这些词的指代十分清楚，没有文化上的差异可言。但有些表示概念或抽象的词，其核心语义在英汉两种语言中没有大的差异，但所附加的文化含义却有很大不同。

语义固然复杂，但是，一些学者对语义的划分则会使我们提纲挈领，有章可循。建议教师在讲授翻译的过程中，选择一种易为学生所理解和接受的分类作以介绍，帮助学生掌握辨别语义的方法，为正确理解源语、借译语之辞达源语之意打下良好基础。英汉语义的对比还将有助于增强学生的预见性。例如，英语词义灵活，含义宽泛；汉语语义固定，严谨精确。那么，语言习得（无论母语还是外语）过程中，就要预先留意英语词义的适应性，把握其精神，而非英汉字典给定的字面意义，唯有如此，才能为日后的汉英翻译打下词汇基础。换言之，只有全面洞察语言的显性意义和隐性意义。在翻译的表达阶段才不至于“词”到用时方恨少，最优化的表达法才能信手拈来，这一点再好的双语字典也望尘莫及。

现以 access 一词为例，略加说明：如果学习者认知该词时，仅仅拘泥于其英汉词典给出的显性意义“通道、入口、享用权”，而未领会其隐性意义“the opportunity or right to use or see someone or something”，在汉译英时，奉汉英字典为圭臬的译者常常倾向于根据汉语原文，到汉英词典中按图索骥，如此一来，一些原本可以使用此词移译的汉语句子，也极有可能因为缺乏与该词的表面联系或字面关联而逃过译者的视野；相反，如果掌握了该词的精神或隐性意义，汉译英中，碰到一些看似与其显性意义风马牛不相及的语句，也有可能借助此词，笔底生辉，巧妙而准确地加以翻译。

例 1：卖官鬻爵。

译文：Sell a ccess to offices.

例 2：（离婚后的）他能见（他的）孩子吗？

译文：Has he got access to the child?

例 3：中国要使更多的人能够接受高等教育。

译文：China is to provide a wider access to higher education.

例 4：西安交通便利，四通八达（吸引外商，介绍西安）。

译文：Xi' an gives easy access from all directions.

以上4例中，汉语原句无一与access的显性意义或英汉字典给出的意义有字面的关联，若依靠汉英字典，难以找出上述例句中的任何汉语短语对应英文中的access一词，然而，对比原语与译文，虽然例2的译文无“官”、例2的译文少“见”、例3的译文乏“人”、例4则“交通”遁逸，但译文整体还称得上与原文语义相符，功能对等。可见，要做一个好的译者，应该了解英汉语义的差异，致力于探究词语的精神，打破双语词典给定意义的枷锁，这样翻译时才不会感到捉襟见肘。

在翻译实践中，为准确把握原语语义开辟新的路径，例如，汉译英时，透过汉语松散的结构，识别语义间的逻辑关系，英译汉时，则可以深刻挖掘英语词序、曲折变化以及功能词所传递的信息；为强化译者的译语意识打下理论基础，在此基础上，译者才会自觉抵制原语影响，选用符合译语表达方式的文辞或句式传译原语信息。

五、语篇分析理论与翻译教学

伯格兰德在其1978年发表的《诗歌译论要素》一书中指出：“翻译的基本单位不是单词，也不是单个句子，而是语篇。”这恐怕是明确提出“翻译基本单位是语篇”的最早观点之一了。20世纪70～80年代以来，随着语篇语言学的发展，语篇作为翻译基本单位的主张得到认同，“语篇”这一词语也逐步变得时髦起来。例如，近年来国内出版的许多翻译教材，不论其实际内容如何，往往都冠以“语篇翻译”之名（有趣的是，同时冠于书上的英译名却又回避使用“Text”或“Discourse”等字样）。

1. 语篇理论

对于语篇的理论研究迄今已十分深入，如刘辰诞的《教学篇章语言学》一书将“语篇”英译为Discourse，指“一段有意义、传达一个完整信息、逻辑连贯、语言衔接、具有一定交际目的和功能的语言单位或交际事件”。

胡壮麟的《语篇的衔接与连贯》将语篇描述为：“任何不受句子语法约束的在一定语境下表达完整语义的自然语言……目的是通过语言这一媒介实现具体交际任务或完成一定行为。可见，首先语篇是人们在特定语境中听到或说的话、读到或作的文，是语言在使用中的单位；其次语篇能独立实现一定交际目标；再次它是一个语义连贯的整体。”此外，他还在该书中对语篇范畴规定为，“本书中所谈的语篇是广义的，既包括‘话语’（Discourse），也包括‘篇章’（Text）”，这里的“篇章”和“话语”都是语篇的组成部分。

另外，王宗炎的《英汉语言学词典》里将“Text”和“Discourse”做了明确界定：前者指口头或书面的一个单位，后者指语言运用的各种实例。李运兴的《语篇翻译引论》一书将“语篇”定义为：“语篇指任何不完全受句子语法约束的在一定语境下表达完整语义的自然语言。”

毫无疑问，从“外部”看，不同语篇在翻译中必须进行不同处理。例如，文学语篇的翻译注重语篇风格的文学性、艺术性；政论语篇的翻译注重语篇风格的严肃性、庄重性；传媒语篇的翻译注重语篇风格的信息性、可读性；科技语篇的翻译注重语篇风格的专业性、术语性；法律语篇的翻译注重语篇风格的严格性、精确性等。从“内部”看，所有类型的语篇翻译又都必须使目的语篇具有“衔接”“连贯”等各种特征，否则得出的结果将不是“语篇”，而只是伯格兰德所说的“非语篇”（Non-text）。

很多句子翻译很好的学生，一旦接触到翻译篇章就感到无从下手，或翻译的每个句子独立地看都符合翻译要求：意义正确，语言流畅。但放到一起读就会语言表达不衔接，语体不连贯，或是出现欠额翻译。

谭载喜在《语篇与翻译：论三大关系》一文中指出：“一是翻译过程是一个上步决定下步、一步决定一步、步步相接、环环相扣的过程；二是在‘翻译本体’范畴里，翻译的基本单位应当是构成语篇的各个‘句子’，而在‘非全译的’翻译变体’范畴里，翻译的基本单位则是‘语篇’；三是把‘句子’作为翻译的基本单位，它必须始终受‘衔接’‘连贯’等构成语篇的各个基本要素，即‘谋篇’要素的调节和制约，从而使单句连成整体，构成目的语篇。”由此可见语篇概念在翻译中所起的作用十分关键，将语篇的相关知识引入翻译教学就十分有必要。

2. 语篇意识应用与翻译教学

语篇意识应用于教学，不仅将翻译教学从传统的教学翻译方法提升到一个新的水平，而且会对翻译课的安排产生影响，也给上翻译课的教师提出了更高的要求。具体应体现在翻译文本的选取、翻译的教学模式以及翻译作业的批改等方面。

首先，在语篇当中，任何一个词的出现都离不开它的语言环境。翻译教师可以通过与学生研究词的不同色彩，对比语境，使学生们准确把握词义。请看例 1。

例 1：Neil，the new chairman of the Bury St Edmunds branch of the National Front，called me at home from a pay phone in a pub. It looked likely that he would get approval for me to come along to their disco party. The date for the party had been fixed Saturday，the 14th of April.

英国民族阵线党伯里圣埃德蒙兹支部的新主席叫尼尔。他用啤酒店的公用电话往我家里打电话。看来他能为我争取到许可去参加他们的迪斯科舞会。舞会的日期已定在 4 月 14 日星期六。

英汉两种语言在显示语境上似乎有一个明显的区别。那就是：在上下文语境清楚的情况下间接转述他人的话语时，英语不必加上 He said、He asked 等标记词语，而汉语是必须将情境明确标记出来的。很明显，画线的两句译文只与原文机械对应，造成其在译语语篇中脱离了语境：汉语语篇中需要用词语标记出相关情境，另外方向词语用得也不对（不是“来”，而是“去”）。故这两句可以改为：他问我能去吗？还说要到车站接我。

另外，课堂上可以让学生们互相批改译文，或者做译文对比研究，利用语篇理论，让学生们掌握高质量译文的标准，例如段落、句子之间的连贯、衔接，语篇叙述与描述在整体上的一致性等。请看有关这方面的例 2。

例 2：他跑来跑去地寻。他想寻一个窟穴，躲了身子。将石子堵了穴口，隐隐地蜕壳。他知道在外面蜕壳是危险的。身子还软，要被别的螃蟹吃去的。这并非空害怕，他实在亲眼见过。

He dashed here and there in search of a cave to hide. He was going to block up the mouth of the cave，so that he could moult in secret. He knew it would be very dangerous to shed his shell in the open because，with his new shell being soft，he might be eaten by other crabs. This fear was not groundless for he himself had really seen it happen to other moulting crabs.

译文使用了多种翻译技巧，如合译、增译、补译、省略成分等。譬如，根据各部分之间的逻辑关系，添加了“so that，because，for”等连接词，最后一句使用this、it与上下文形成照应，使译文成为结构衔接、语义连贯的有机整体。如果仅局限于句子的视角，这些技巧就显得毫无必要。

对于初学者来说，片面地在词上追求对应，不如去好好理解整个语篇，根据自己的理解再造一个文本，最后再回过头来修补偏差，这样更容易进步。著名翻译家杨绛在总结翻译经验时这样总结翻译的过程：先对原文概括、缩减基本句意，再润色加工生成译文。

因此，翻译课选材应从不同体裁方面着手，这样可以将翻译实践与语言的各种使用功能相结合。此外，翻译课的选材和练习都应以语篇为单位，在课堂上，翻译教师与学生都应当树立语篇意识，通读整个语段，多方位分析语篇的功能，这样才能够从整体上把握原文实质，使译文在整体上忠实于原文。

第六章　跨文化视角下的英语翻译实践应用

英汉文化的差异体现在很多方面，如语言方面的有习语文化、典故文化的差异，习俗方面的有节日文化、饮食文化的差异。对中西文化在这些方面的具体差异进行了解可以帮助译者顺利实现翻译，本章就对典故、习语、饮食以及节日文化的翻译进行详细探讨。

第一节　典故文化翻译

一、典故文化对比

（一）英汉典故结构对比

1．英语典故的结构

英语典故往往具有灵活、自由的结构特点，句式可松可紧、可长可短，字数的伸缩范围极大，甚至有的典故只有一个词。

例如：

Eden 伊甸园

Watergate 水门事件

Ark 避难所

而有的典故则很长，可以是几个字、十几个字，甚至完整的句子。

例如：

hair by hair you will pull out the horse's tail 矢志不移，定能成功

the last supper 最后的晚餐

bone of the bone and flesh of the flesh 骨中骨，肉中肉

What one loses on the swings one gets back on the roundabouts.

失之东隅，收之桑榆。

Some men are born great，some achieve greatness，and some have greatness thrust upon them.

有的人是生来的富贵，有的人是挣来的富贵，有的人是送上来的富贵。

英语中的典故常常可以独立成句，尤其是在莎士比亚的作品中，一些源于《圣经》的典故以及某些谚语典故经常被单独作为句子来用。

2. 汉语典故的结构

相较于英语，汉语中的典故则多为两个字、三个字或四个字的结构形式，在语言形式上用词简练、结构紧凑，大多为词组性短语。当然，也有少部分字数较多的对偶性短句，如“踏破铁鞋无觅处，得来全不费功夫”“螳螂捕蝉，黄雀在后”等，但实属凤毛麟角。当典故演变成成语时多采用四字结构，偶尔有二字或三字组成的情况，但相对来说不多见，如“不到长城非好汉”“说曹操，曹操到”等也只是少数。在典故的使用上，汉语正好和英语相反。由于汉语的绝大多数典故是名词性词组，它们在句子中往往只是充当一定的句子成分，单独成句的情况很少见。

（二）英汉典故来源对比

1. 英语典故的来源

(1) 历史事件

很多英语典故随着历史事件的诞生而诞生。

例如：

fiddle while Rome is burning（面对罗马火灾仍弹琴作乐）

公元 64 年，罗马遭遇大火，当时的罗马皇帝尼禄（Ncro）却依然无动于衷，坐在高高的城楼上一边弹奏乐器、哼唱歌曲，一边欣赏着眼前的火灾景象。该典故喻指大难临头却依然寻欢作乐，对大事漠不关心。

(2) 体育典故

在体育运动十分发达的英美国家，国民具有良好的体育传统和健身习惯。因此，体育也成为人们经常谈论的话题，久而久之，常用的体育术语通过转义而被广泛用于日常生活领域，并逐渐演变为典故。

例如：

swallow the bait，hook，line and sinker（不仅吞食了鱼饵，而且连同鱼钩、

渔线和铅坠一同吞了下去）

该典故来自钓鱼运动，有时鱼因为贪食鱼饵而将鱼钩、鱼线甚至铅坠都吞了。该典故喻指被小恩小惠所诱惑而彻底地上当受骗。

squeeze play（挤牌）

该典故来源于桥牌，原指根据敌我牌情创造条件，以紧逼对方出某张牌从而迫使对方就范。该典故喻指迫使对方处于进退两难的境地，从而导致其失败。

（3）古代经典

许多英语典故来自古代的经典作品，特别是古希腊和古罗马神话，还有一些寓言故事、民间传说等。

例如：

kill the goose that lays the golden eggs（杀鸡取卵）

据《伊索寓言》所记载，一只鹅一天产出美丽的金蛋，它的主人以为它肚子里有金块，就把它杀了，结果发现它只是普通的鹅。该典故喻指牺牲将来的利益，满足眼前需要。

（4）当代经典

英语典故还经常取材于现代、当代的各类经典，包括文学、影视等。

（5）莎翁戏剧

许多英语典故直接来源于莎士比亚的作品。

例如：

All that glisters/glitters is not gold.（闪光的并非都是金子。）

该典故来自莎士比亚喜剧《威尼斯商人》中的一句话，喻指外表漂亮的东西不一定都是好的。

it is Greek to me（他讲的是希腊语）

该典故出自莎士比亚的剧本《裘力斯·恺撒》，喻指一点不理解。

2. 汉语典故的来源

（1）历史事件

中华民族历史悠久，经历了多次重大的历史转折。有许多典故也都体现着这些历史事件。

例如：

赔了夫人又折兵（pay a double penalty for attempting to gain an unwarranted advantage）

根据《三国演义》记载，周瑜设计将孙权的妹妹许配给刘备，准备在刘备到东吴成婚时乘机扣留以夺回荆州，结果刘备带着新婚夫人逃回，周瑜带兵追赶又被诸葛亮用伏兵打败。该典故喻指想占便宜者反而遭受损失。

纸上谈兵（talk about stratagems only on paper—engage in idle theorizing）

这一典故出自《史记·廉颇蔺相如列传》，战国时赵国的赵括从小善于谈论兵法，于是赵王用他代廉颇为将。该典故喻指不切实际的空谈。

（2）民间习俗

风俗习惯是指社会上长期形成的由习惯构成的总和，是社会文化的重要组成部分，也是典故的来源之一。

例如：

民以食为天（hunger breeds discontentment—enjoying delicious food is of the prime importance）

长期的生产、生活使中国人深刻地意识到粮食对人类生存的重要性，在现代的餐饮业，该典故喻指享受美食乃人生首要乐事。

（3）寓言故事

寓言是用假托的故事或自然物的拟人手法来说明某个道理或教训的文学作品，常带有讽刺或劝诫的性质，具有明理启示的作用。一些汉语典故也是来自寓言故事。

例如：

鹬蚌相持，渔人得利（when two sides fight，a third party gains）

根据《战国策·燕策》记载，蚌张开壳晒太阳，鹬去啄蚌却被蚌壳钳住了嘴，双方互不相让、相持不下，结果渔翁来了，轻而易举地把两个都捉住了。该典故喻指双方相互争执，却让第三者获利。

（三）英汉典故设喻对比

从本质上来讲，典故的产生与使用往往是隐喻性的，但是英汉典故在设喻上存在着一些相同点。

英语典故的设喻方式主要有以下几种。

1. 以地名设喻

例如：

carry coals to Newcastle

2. 以事设喻

例如：

kick the bucket，skeleton on the cupboard

3. 以人设喻

例如：

Shylock

汉语的设喻与之存在着相似的地方。

例如：

东山再起（以地名设喻）

四面楚歌（以事设喻）

姜太公钓鱼（以人设喻）

此外，还有一些英汉典故不仅有着相同的设喻形式，有着相同的喻体，还有着完全一样的寓意。

例如：

strike while the iron is hot 趁热打铁

burn one’s boats 破釜沉舟

但是，很明显这类典故的数量相对比较少。很多典故虽然寓意相同，但是其设喻形式、喻体明显不同。

例如：

walls have ears 隔墙有耳

meet one’s Waterloo 败走麦城

二、典故文化翻译

（一）直译

对于典故的翻译，采用直译法可以保留原有的形象特征，有利于体现源语典故的民族特色。

例如：

a gentleman’s agreement 君子协定

cold war 冷战

A rolling stone gathers no moss.

滚石不生苔。

画饼充饥 drawing a cake to satisfy your hunger

南辕北辙 to go south by driving one’s chariot north

城门失火，殃及池鱼。

When the city gate catches fire，the fish in the moat suffer.

路遥知马力，日久见人心。

As distance tests a horse’s strength，so time reveals a person’s heart.

（二）意译

由于英汉文化的差异，有些典故在翻译时无法采用直译，这时需要意译。

例如：

Smith often Uncle Tommed his boss.

史密斯常对老板阿谀奉承。

原文中的 Uncle Tom（汤姆叔叔）是哈里特·比彻·斯托（Harriet Beacher Stowe）的小说《汤姆叔叔的小屋》（Uncle Tom’s Cabin）中的主人公，最初用来喻指“逆来顺受的黑人”，“对白人卑躬屈节的人，后来，Uncle Tom 转化为动词，有“逆来顺受”“阿谀奉承”之意。因此，这里宜采用意译法进行翻译。

Sometimes a person who presents himself as kind and gentle can in private turn out to be a dragon，who breathes fire.

有时，某人在公开场合显得和蔼可亲、温文尔雅，而在私下里却像个凶神恶煞。

（三）直译加注

由于英汉的文化差异，在译文中保留原文的典故形象，但读者难以理解，这时可以采用加注法以补充说明。

例如：

I am as poor as Job，my lord，but not so patient.

我是像约伯一样的穷人，大人，可是却没有他那样的好耐性。

（注：约伯，以忍耐贫穷著称的圣徒，见《圣经—约伯记》。）

An old dog will learn no new tricks（you cannot teach old dogs new tricks）.

老狗学不出新把戏（老顽固不能学新事物）。

假统一之名，行独霸之实。弃团结之义，肇分裂之端。司马昭之心，固已路人皆知矣。

（四）套译

有些英汉典故无法在各自语言中找到对应语，翻译时就可采取套译法。例如：

Among the blind the one-eyed man is king.

山中无老虎，猴子称霸王。

Better be the head of a dog than the tail of a lion.

宁为鸡首，无为牛后。

The moon is not seen when the sun shines.

小巫见大巫。

Walls have ears.

隔墙有耳。

There is no smoke without a fire.

无风不起浪。

画蛇添足 paint the lily

猫哭老鼠 to shed crocodile tears

竭泽而渔 kill the goose that lays the golden eggs

过河拆桥 kick down the ladder

第二节　习语文化翻译

一、习语文化对比

（一）英汉习语分类对比

1. 成语

成语是人们长期以来习用的结构简洁而意义精辟的定型的词组或短句。成语的结构一般比较固定，不能随意改动。

英语成语构成十分灵活，形式多种多样，长短不一。

例如：

float on air 欢天喜地，得意扬扬

burn one’s figures 自作自受、自食其果

a blue stocking 女才子，女学究

the law of the jungle 弱肉强食

up in the air 悬而未决

成语在汉语中占有很重要的地位，其多出自古代经典或历史故事，以四字格为主。英汉成语除了在结构上有所不同外，在修辞手法上也存在差异。

(1) 喻体相同或相似，喻指不同

例如：

as quiet as a mouse（肃静）胆小如鼠

as straight as an arrow（直）光阴似箭

(2) 喻体相同，喻指相同或相似

例如：

as cold as ice/in an icy manner 冷若冰霜

add fuel to the fire/flames 火上浇油

be on pins and needles 如坐针毡

(3) 喻体不同，喻指相同或相似

例如：

teach one’s grandmother how to suck eggs 班门弄斧

kill two birds with one stone 一箭双雕

as strong as a horse 健壮如牛

like a cat on hot bricks 热锅上的蚂蚁

between the devil and the deep blue sea 进退维谷

(4) 英语是明喻或直接表述，汉语是明喻

例如：

to fly into a rage/to hit the ceiling 暴跳如雷

to have a silver mouth 巧舌如簧

2. 谚语

谚语是在群众中流传的固定语句，用简单的语言反映出深刻的哲理。它结构规整，往往表达深刻的道理。

例如：

He who hesitates is lost.

机不可失，时不再来。

East or west，home is best.

金窝银窝，不如自家草窝。

英汉谚语在比喻方面也存在异同点，体现在以下几个方面。

（1）喻体相同，喻指不同

例如：

Love me，love my dog.（爱屋及乌）

Still waters run deep.（大智若愚）

（2）喻体相同，喻指相同或相似

例如：

Man proposes，God disposes.

谋事在人，成事在天。

Strike while the iron is hot.

趁热打铁。

Out of sight，out of mind.

眼不见，心不烦。

Walls have ears.

隔墙有耳。

（3）喻体不同，喻指相同或相似

例如：

One swallow does not make a summer.

独木不成林。

There is no smoke without fire.

无风不起浪。

3．俗语

俗语是劳动人民创造的反映生活经验的通俗语句。它大量运用在日常生活中，比较口语化。英汉俗语在比喻方面的异同主要体现在以下几个方面。

（1）喻体相同或相似，喻指不同

例如：

eat one’s word（承认说错话）

like a bear with a sore head（脾气暴躁）

（2）喻体相同，喻指相同或相似

例如：

Soon got，soon gone/spent. 来得容易去得快。

pie in the sky 天上掉馅饼

Easier said than done. 说起来容易做起来难。

（3）喻体不同，喻指相同或相似

例如：

All the fat is in the fire. 生米已成熟饭。

a piece of cake 小菜一碟

4. 俚语

俚语是不礼貌、较为粗鲁的定型用语。它常常排斥语言规则，寿命较短。英语俚语包括两方面：一是通俗俚语；二是粗俗俚语。

例如：

all mouth and no trousers 毫无正当理据的吹牛

suck 差劲、糟糕透了

cool 酷，棒极了

汉语俚语指的是广为流传的方言词。例如，“拉倒”（到此为止；算了），“麻利”（手脚敏捷），“撒丫子”（放开脚步跑），“侃大山”（长时间漫无边际地闲谈），“仨瓜俩枣”（一星半点的小东西、不值钱的零星物品）等。

（二）英汉习语来源对比

1. 英语习语的来源

（1）生活方式

英国是一个岛国，以捕鱼、航海为生，英语中的许多习语都与他们的生活方式有关。

例如：

He that would sail without danger，must never come on the main sea.

航行若是不冒险，枉来大海走一遭。

Hoist sail when the wind is fair.

借助风势扬起帆。

(2) 人体器官

人体器官与人们的生活密切相关，与器官相关的词汇便被赋予了象征意义，出现了很多寓意丰富的习语。

例如：

knee deep in something 拥有太多的某物

bite one’s tongue 为形势所迫保持沉默

(3) 体育娱乐

当人类的生产力发展到一定程度，各种娱乐活动就应运而生了。人类的体育娱乐历史非常悠久，体育娱乐是民族文化的一部分。既然体育娱乐活动与民族文化紧密相关，那么，习语就必然会反映这方面的内容。

例如：

leave someone in the lurch 把某人留在大败之中

lurch 表示在纸牌游戏中“一败涂地”，所以，整个习语就是“弃某人于危难之中；坐视不救”。

(4) 习俗

社会不断向前发展，这也促使很多习俗的形成，而习语的形成恰恰也与这些社会习俗有着密切的关系。

例如：

lead a dog s life 不幸的生活

kettle of fish 难办的事，尴尬局面

smell of the baby 乳臭未干

above the salt 尊为贵宾，位于上席

blow one s own horn 自我吹嘘，自吹自擂

Jack is as good as his master.

伙计不比师傅差。

2. 汉语习语的来源

(1) 历史事件

中国悠久的历史带来很多成语、谚语、俗语以及歇后语，这些习语常用来揭

示某种道理或警示历史教训。

例如：

身在曹营心在汉

诸葛亮哭周瑜——假戏真做

刘邦乌江追项羽——赶尽杀绝

刘邦攻项羽——反败为胜

成也萧何，败也萧何

(2) 生活

例如：

民以食为天

人生不如意之事十之八九

何官无私，何水无鱼

斩草不除根，逢春必要生

头伏萝卜二伏菜，三伏种荞麦

一九二九不出手，三九四九冰上走……

(3) 辩证思想

中国人的思维充满朴素的辩证思想，因此汉语中很多习语也体现对立统一思想。

例如：

乐极生悲，否极泰来

有一利必有一弊

月圆则缺，水满则溢

祸兮福所倚，福兮祸所伏

(4) 伦理道德

中国深受孔子思想影响，许多习语都与伦理道德有关。

例如：

父母在，不远游。

人贵有自知之明。

少壮不努力，老大徒伤悲。

天下兴亡，匹夫有责。

二、习语文化翻译

（一）直译

直译法是指在符合译文语言规范的基础上，保留习语的比喻、形象以及民族色彩的方法。

例如：

cry crocodile tears 鳄鱼的眼泪（比喻假慈悲）

Sphinx’s riddle 斯芬克斯之谜（比喻难解之谜）

tower of ivory 象牙塔（比喻世外桃源）

All roads lead to Rome.

条条大路通罗马。

An eye for an eye，a tooth for a tooth.

以眼还眼，以牙还牙。

Blood is thicker that water.

血浓于水。

Distance water cannot put out a near fire.

远水救不了近火。

Rolling stone gathers no moss.

滚石不生苔。

同舟共济

in the same boat

竹篮打水一场空

drawing water in a bamboo basket

秋风扫落叶

Like the autumn wind sweeping away the fallen leaves

跑得了和尚，跑不了庙。

The monk may run away，but the temple can’t run away with him.

少壮不努力，老大徒伤悲。

One who does not work hard in youth will grieve in vain in old age.

（二）意译

有些习语由于受到文化因素的影响，无法直译，这时就要将原文的形象更换成另一个读者所熟悉的形象，译出隐含的意义。

例如：

talk turkey 谈正经事；直率地讲

the heel of Achilles 致命的弱点

cost an arm and a leg 非常昂贵

face the music 勇敢地面对困难

born with a silver spoon 生长在富贵之家

paddle one' s own canoe 管自己的事；依靠自己；自主

When in Rome，do as the Romans do.

入乡随俗。

When the going gets tough，the tough gets going.

沧海横流，尽显英雄本色。

噤若寒蝉 keep quiet

羊肠小道 narrow winding trail

耳旁风 go in one ear and go out the other

风调雨顺 good weather for the crops

赔了夫人又折兵 suffer a double loss instead of making a gain

杀鸡给猴看 make an example of a few to frighten all the rest

塞翁失马，焉知非福。

Misfortune may prove a blessing in disguise.

（三）直意译并用

有些习语在翻译时可采用直译与意译并用的方法，原文中的一部分采用直译法，而不便直译的部分则采用意译法。

例如：

Let George do it.

让别人去干吧。

Every bird likes its own nest.

鸟爱自己的巢，人爱自己的家。

视死如归 look on death without flinching

风餐露宿 brave the wind and dew

（四）注释

有些习语具有浓厚的民族色彩，翻译时需要加注释才能清楚地表达原文的意思。

例如：

to be armed to the teeth

武装到牙齿

All are not maidens that wear bare hair.

不戴帽子的未必都是少女。

守株待兔 watching the stump and waiting for a hare（trust to chance and windfalls）

（Note：It comes from the story of a peasant who，seeing a hare run headlong against a tree－stump and break its neck，abandoned his plough and waited by the stump in the hope that another hare would do the same thing.）

姜太公钓鱼，愿者上钩 like the fish rising to Jiang Tai Gong' s hookless and baitless line

（Note：Jiang Tai Gong was a very wise man. He used to fish by the Wei River with a hookless and baitless line，actually waiting for King Wen of Zhou to find him and make him his prime minister. After King Wen s death，he helped King Wu to defeat the last king of the Shang Dynasty and found the Zhou Dynasty. The fish in the idiom alludes to a person who willingly plays into someone' s hands.）

（五）套译

有些英汉习语在内容和形式以及色彩上都基本相同或相似，这时可套用目的语中的同义习语来翻译源语中的习语。尽管有些形象不同，但其喻义相似，也可以套用。

例如：

bay the moon 异想天开

spend money like water 挥金如土

go through fire and water 赴汤蹈火

kill goose that lays golden eggs 杀鸡取卵

While there is life，there is hope.

留得青山在，不怕没柴烧。

Fools rush in where angles fear to tread.

初生牛犊不怕虎。

Beauty is in the eye of the beholder.

情人眼里出西施。

A fox may grow gray but never good.

江山易改，本性难移。

One boy is a boy，two boy half a boy，three boys no boy.

一个和尚挑水吃，两个和尚抬水吃，三个和尚没水吃。

Better be the head of a donkey than the tail of a horse.

宁为鸡头，勿为凤尾。

少年老成 to have an old head on young shoulders

虎口拔牙 beard the lion

周瑜打黄盖，一个愿打一个愿挨。

The punishment is skillfully given by one side，and gladly accepted by the other.

第三节　饮食文化翻译

一、饮食文化对比

（一）美汉饮食结构对比

1. 外国的饮食结构

受地理位置、环境等因素的影响，外国人主要以渔猎、养殖为主，以采集、种植为辅，因此，在饮食结构上以肉类食品与奶制品为主，辅以少量的谷物。

由于外国人多居住在纬度较高的地区，因此，需要高热量与高脂肪的食物来充饥。食肉的饮食结构恰好与这一生活特点相适应。

2. 中国的饮食结构

自古以来，中国就是一个农业大国。这对中国人的饮食结构也产生了重要的影响，主要体现为以下几点。

（1）主食类

五谷，即稻、黍、稷、麦、菽是中国人的传统主食。此外，中国人还将马铃薯、山药、芋头等薯类作物作为主食。在中国，北方与南方的主食存在差异，北方的主食是面条和馒头，而南方的主食则是米饭。

（2）辅食类

中国人的传统辅食是蔬菜。中国人吃的菜蔬多达 600 余种，是外国人的若干倍。

（3）肉食类。

中国人所吃的肉类食品主要来自农业生产紧密相关的六畜，即马、牛、羊、狗、猪、鸡。

当然，随着生产力的发展以及环境的变化，中国人的饮食结构也发生了改变，饮食范围无限扩大，食物种类无所不包。

（二）英汉饮食餐具对比

1. 外国的饮食餐具

外国人的餐具主要是金属制的刀叉。在用餐时，每人一副刀叉。他们对餐具的使用也非常讲究，通常是按照刀叉摆放的顺序从外向内依次使用。

外国人选用刀叉作为主要餐具与外国人的饮食习惯有很大的关系。外国民族以游牧民族为主，他们常年在外打猎，随身携带一把刀，户外饮食主要是烤肉，肉烤熟之后，将肉割下来直接食用。随着城市的不断出现，外国人随身带刀这一习俗才逐渐得到改变。

在 15 世纪前后，外国人意识到直接使用刀进食不太雅观，因此开始使用叉。可以说，外国人真正意义上的餐具始于叉子的使用。但是，在使用叉子时，还需要刀进行切割。因此，刀和叉逐渐成为外国人饮食的主要餐具。

外国人在就餐时使用刀叉往往会让人觉得残忍，这也在一定程度上体现了外国民族进攻型的性格。

2. 中国的饮食餐具

在中国，人们的餐具主要是筷子，有时也使用汤匙。此外，中国人的饮食工具还有杯、盘、碗、碟等。

在我国，筷子的使用有很久的历史渊源。先秦时期，人们直接用手来拿取食物。后来，人们开始吃烤制的食物，烤制的食物不便于直接用手抓食，因此，人们就借助树枝类的工具来进食。久而久之，人们逐渐学会使用竹条夹取食物，这是筷子的最早雏形。

中国人在使用筷子时温文尔雅，不会出现不雅的动作。法国著名的文学思想家、批评家罗兰·巴尔特曾指出，使用筷子夹取食物不像刀叉那样切、扎、戳，因而食物不再是人们暴力之下的猎物，而成为被和谐传送的物质。由此可见，中国人以一种温柔、含蓄的态度对待食物，这也体现了中国人温和的性格。

（三）英汉烹饪方式对比

1. 外国的烹饪方式

外国人的烹调主要以烤、炸和煎为主，西餐中很多食物都可以采用这些方法进行烹制。由此可见，外国人的烹饪方式较为单一。

外国人对食物的营养十分重视，因此，外国人在食物的烹饪上也坚持营养为先的原则。因此，外国人在烹饪食物时讲究营养的均衡，常常将很多食材混合起来进行制作，如将面食与肉类、蔬菜，甚至水果混在一起。外国人的烹饪方式使得食材的营养成分得到了最大限度地保留，但是，不一定能保证菜品的美观度，同时，缺少一定的艺术氛围。

2. 中国的烹饪方式

在中国，烹调可以说是一门艺术。中国人的烹饪方式多种多样，十分丰富，包括蒸、炖、炒、炸、拌、爆、煎、烧、煮、焖、烤等。

在烹饪时，中国人讲究调和美，对食物的味道非常看重。不同的厨师，其烹饪方式也不尽相同，即使是同一个厨师，也会因为自身因素的影响而导致所做的菜肴在味道上存在一些差异。但是，中国的菜肴在各种变化中也具有一定的科学性。

二、饮食文化翻译

（一）菜名的翻译

1．英语菜名汉译技巧

外国菜名的命名较为简单，对其进行翻译时．采取直译法，将其直接译为相应的汉语即可。

例如：

vegetable curry 什菜咖喱

vanilla pudding 香草布丁

potato salad 土豆沙拉

ham sandwich 火腿三明治

sweet yoghurt 草莓酸奶

stuffed eggplant 酿茄子

pork trotters 德式咸猪手

fish Wellington 惠灵顿鱼

此外，有些外国的菜名在翻译时需要进行异化处理，以保留源语的特色。

例如：

Pizza 披萨

Cappuccino 卡布奇诺

Milk Shake 奶昔

2．汉译菜名英译技巧

中国菜品的命名方式比较复杂，翻译时需要根据具体情况来灵活选用翻译技巧。

（1）直译

以写实方法来命名的汉语菜肴，往往体现了菜肴的主料、配料、调料以及制作方法等信息。在翻译这类菜名时，可以采取直译法。

例如：

炸春卷 deep－fried egg rolls

香熏鱼 smoked spicy fish

草菇蒸鸡 steamed chicken with mushrooms

杏仁炒虾仁 fried shrimps with almonds

咖喱牛肉 fried beef with curry

蒜头烧黄鳝 stewed finless eel with garlic

荷叶粉蒸鸡 steamed chicken in lotus leaf packets

炒鳝丝 fried shredded finless eel

雪菜炒冬笋 fried cabbage with fresh bamboo shoots

(2) 意译

在汉语菜名中，以写意法来命名的菜名往往比较吉利、悦耳，但是人们难以从名字上来看出菜品的原料和制作方法。在对这类菜名进行翻译时，应采取意译法，从而传递出其中的文化含义。

例如：

游龙戏凤 stir-fried prawns&chicken

全家福 stewed assorted meats

蚂蚁上树 bean vermicelli with spicy meat sauce

(3) 直译与意译结合

对于汉语那些以写实与写意结合而命名的菜名，翻译时可以采用直译与意译结合法，从而将菜名的寓意更好地传达出来。

例如：

生蒸鸳鸯鸡 steamed frogs

炒双冬 fried saute mushrooms and bamboo shoots

五柳石斑鱼 steamed grouper with assorted garnished

(4) 音译加解释

汉语中，还有一些菜名中蕴含丰富的民族文化，是由历史典故、民间传说、古代名人演化而来的。在翻译时，译者通常可以采取音译加解释的方法来进行处理，从而准确地传递其中的文化内涵。

例如：

东坡肉 Dongpo braised pork

东江酿豆腐 beancurd stuffed with minced pork in Dongjiang style

（二）茶文化的翻译

1．英语茶文化汉译技巧

对英语中茶文化的翻译通常可以采取直译法。

例如：

tea leaf 茶叶

jasmine tea 花茶

tea ball 滤茶球

tea green 茶绿色

weak tea 淡茶

tea board/tea tray 茶托

tea kettle/tea pot 茶壶

2．汉语茶文化英译技巧

中国的茶文化具有十分悠久的历史，在翻译时，主要可以采取以下翻译技巧。

（1）音译

例如：

龙井茶（浙江）Longjing tea

南京雨花茶（江苏）Nanjing Yuhua tea

黄山毛峰茶（安徽）Huangshan Maofeng tea

（2）意译

例如：

红茶 black tea

绿茶 green tea

砖茶 brick tea

乌龙茶 Oolong tea

（茉莉）花茶 Jasmine tea

（3）音意结合

例如：

铁观音（福建）Iron Buddhist（a variety of Oolong tea）

信阳毛尖（河南）Xinyang green tea

（三）酒文化的翻译

1. 英语酒文化汉译技巧

在对外国酒文化进行翻译时，应注意保留外国酒名的特点，同时考虑是否符合目的语读者的审美与文化价值观。例如，Bacardi 译为“百加得”，显得洋味十足，同时带有拼音文字的语言特征，还符合中国人追求吉祥文字的特点。具体而言，对英语酒文化的翻译可以以音译为主，意译为辅。

英语中的酒名属于专有名词类，对其进行翻译时一般采用音译法。例如：

Gin 金酒

Sherry 雪利酒

Whisky 威士忌

Long John 龙津

Martini 马丁尼

Daiquiri 得其利

Gin sling 金司令

100 Pipers 百笛人

Remy X. O. 人头马 XO

Old Parr Deluxe 老伯威

Brandy Alexander 白兰地亚历山大

此外，有些英语酒名用音译法行不通，这时可以考虑采用意译法来处理。

例如：

White Horse 白马

Crown Royal 皇冠

Snow Ball 雪球

Mandarin Napoleon 橘子拿破仑

Pink Lady 粉红女郎

Four Roses 四玫瑰

2. 汉语酒文化英译技巧

对汉语酒文化进行翻译时，主要可以采取以下几种技巧。

(1) 音译

在翻译汉语的酒名时，可以根据其命名方式，如以产出地命名或以原料命名，采用音译法。

例如：

剑南春（四川）Jiannanchun（wine）

茅台酒（贵州）Maotai（wine）

汾酒（山西）Fenjiu（wine）

双沟大曲（江苏）Shuanggou（wine）

宝丰酒（河南）Baofeng（wine）

青岛啤酒（山东）Qingdao beer

(2) 直译

例如：

且说宝玉一径来至园中，众婆子见他回房，便不跟去，只坐在园门里茶房里烤火，和管茶的女人偷空饮酒斗牌。

Meanwhile Baoyu had gone straight back to the Garden. And seeing that he was going to his own quarters, the nurses did not follow him but sat down by the stove in the Garden gatehouse to drink and gamble with the women in charge of making tea there.

当下摆上来，果然是清清疏疏的几个盘子。买的是永宁坊上好的橘酒，斟上酒来。

Sure enough, a few simple dishes only were served, while their cups were filled with the best orange wine from Eternal Quiet Store.

(3) 意译

例如：

谁知薛蝌又送了巾、扇、香、帛四色寿礼给宝玉，宝玉于是过去陪他吃面。两家皆治了寿酒，互相酬送，彼此同领。至午间，宝玉又陪薛蝌吃了两杯酒。

But now Xue Ke sent Baoyu four birthday presents—a scarf, a fan, some scent and silk—so Baoyu went over to eat noodles with him. Both families had prepared feasts and exchanged gifts. At noon Baoyu drank a few cups of wine with Xue Ke.

第四节　节日文化翻译

一、节日文化对比

（一）英汉节日庆祝方式对比

1. 外国节日重交往

外国节日活动对交往与欢乐比较重视。例如，在圣诞节期间，不管是赠送圣诞礼物、圣诞贺卡，节日游行等活动，还是教堂中的听布道，做圣诞弥撒，都反映了在人际交往过程中获得乐趣的文化实现形式。

当然，外国人的节日中也有很多食物，如感恩节的南瓜饼（pumpkin pie）、圣诞节的火鸡（turkey）等。但是从食品种类来看，远不如中国节日中的食品种类多，同时食品本身与名称通常也不具有特殊的含义，如南瓜是北美地区非常常见的一种植物，而美国人吃火鸡也仅仅因为当时北美是火鸡的栖息地。

2. 中国节日重饮食

与外国节日相比，中国的节日活动往往比较注重饮食。几乎每一个中国传统节日都具有特定文化内涵的饮食，如元宵节的汤圆、端午节的粽子和雄黄酒、中秋节的月饼等。这些饮食的出现并非偶然，主要具有以下特点。

（1）饮食名称内涵丰富

在中国传统节日中，饮食除了代表饮食本身外，还具有丰富的文化内涵与寓意。人们可以通过饮食来祈愿、传达祝福，以表达对自然的认识以及天地万物的感激之情。例如，冬至节吃馄饨，表达了对祖先的缅怀与感激；在除夕夜吃饺子表示新旧年交子之时之意等。

（2）举家同庆，共享团圆

中国节日往往围绕饮食来庆祝，通常以家庭为单位开展。在中国，逢年过节之时有回家团圆的传统。在春节、元宵节等节日中，人们往往会吃圆形的食物，如元宵节的元宵，有团圆之意。每逢佳节，尤其是春节，在外的人都要回家，与家人团圆，共同庆祝节日。

（二）英汉重要节日对比

无论是中国还是外国都有很多传统节日，这里选取中国的春节与外国的圣诞节、中国的七夕节与外国的情人节、中国的重阳节与外国的感恩节进行对比分析。

1．春节与圣诞节

春节和圣诞节分别是中西方文化中两个最重大的传统节日，都代表了家族团圆，同时体现了欢乐祥和的氛围。

（1）春节

在汉语文化中，春节是最富有特色的传统节日，同时也是一个古老的节日。人们普遍认为，春节始于虞舜时期。从时间上看，春节一般是指一年的第一天，即农历的正月初一，所以春节俗称“过年”。但是，由于春节是一年之中最重要的一个节日，很多民俗活动从腊月二十三就开始了，并一直延续到正月十五，有的地方甚至会延续到正月二十。

（2）圣诞节

对于外国人来说，圣诞节是一年当中最重要的节日。从上一年的12月24日一直到新一年的1月6日都属于圣诞节的范围。外国人的吉祥色是红、白、绿，人们喜欢用这三种颜色来装点圣诞节。他们会在圣诞节的前一夜选一棵绿色的常青树，然后将五颜六色的礼物和彩灯挂满树枝，并将这棵树称为“圣诞树”。装点完圣诞树后，人们就会点燃红色的蜡烛，围坐在树下，静静地等待圣诞老人的降临。对于外国人来说，圣诞节也是一个家人团聚的日子，一家人会在这一天围坐在圣诞树下，共进晚餐，一起唱圣诞歌，为新的一年祈福。

2．重阳节与感恩节

（1）重阳节

重阳节是中国重要的传统节日，相传是为了纪念东汉时期恒景用茱萸叶和菊花酒驱除瘟魔的故事。重阳节是农历的九月初九，双九在中国的传统观念中暗含着生命长久、健康长寿的意思，故重阳节也被称为“老人节”，而重阳节也成了一个尊老、爱老、敬老、助老的节日。人们通过临水玩乐、登高赏景的方式庆祝节日，在尽享自然之美的同时，表达自己对老人的尊敬和对大自然的感恩。

(2) 感恩节

美国的感恩节是每年 11 月的第四个星期四。为了鼓励人们将祖先的精神传承下来，林肯特将感恩节正式定为国定假日，于是便有了今天的感恩节。如今人们庆祝感恩节的方式多种多样，如戏剧表演、化装游行、体育比赛等。人们会在感恩节这一天到教堂做感恩祈祷，感谢丰收，为来年祈福。人们在这一天欢聚一堂，远在外地的人也会赶回家乡，和亲朋好友们一起围坐在南瓜、蔬菜、火鸡旁边，畅聊心事。有的家庭也会做一些小游戏娱乐，如南瓜赛跑、玉米游戏等。在感恩节这一天，整个美国都沉浸在格外热闹的节日氛围中。

二、节日文化翻译

(一) 英语节目文化技巧

1. 节日名称的翻译

由于外国的节日往往具有丰富的文化内涵，为了最大限度地呈现节日所蕴含的内涵，翻译外国节日名称时主要以意译法为主。

例如：

April Fool’s Day 愚人节

Carnival 狂欢节

Valentine’s Day 情人节

Hallowmas Festival 万圣节

2. 节日习俗的翻译

在对外国节日中所特有的习俗文化进行翻译时，通常采取以意译为主、直译为辅的方法进行处理。下面列举一些有关节日习俗方面的词汇的翻译。

例如：

turkey 火鸡

pumpkin pie 南瓜派

Easter eggs 复活节彩蛋

Christmas card 圣诞卡

Christmas tree 圣诞树

（二）汉语节日文化英译技巧

1. 节日名称的翻译

在对中国的传统节日进行翻译时，应以传递原文的文化信息为目的，主要可以采取直译法与意译法。

（1）直译

例如：

春节 the Spring Festival/Chinese new year

中秋节 the Mid－autumn Festival

冬至 Winter Solstice Day

（2）意译

例如：

元宵节 the Festival of Lanterns/Lantern Festival

端午节 the Dragon Boat Festival

清明节 the Tomb－sweeping Day

七夕节 Chinese Valentine' s Day/Magpie Festival

2. 节日习俗的翻译

（1）直译

直译只适用于那些较好理解的中国节日习俗的翻译，可以保留原文的形式与内容，使读者体会地道的源语文化。

例如：

旧历冬至前一天早晨，柔嘉刚要出门，鸿渐道："别忘了，今天咱们要到老家去吃冬至饭。"

On the morning of the day of winter solstice by the lunar calendar，just as Jou chia was about to leave the apartment，Hung－chien said，"Don' t forget. We have to go to my parents today for winter solstice dinner."

（2）意译

有些中国节日习俗具有丰富的文化内涵，采用直译法，读者可能难以理解其意思，这时应采用意译法，将其中所蕴含的文化内涵传递出来，真正做到对原文的忠实。

参考文献

[1] 陈静，高文梅，陈昕．跨文化交际与翻译［M］．成都：电子科技大学出版社，2017．06．

[2] 陈凯华．功能翻译理论及其应用翻译探研［M］．北京：冶金工业出版社，2018．08．

[3] 陈莹，吴倩，李红云．英语翻译与文化视角［M］．长春：吉林人民出版社，2020．04．

[4] 仇桂珍，张娜．英汉翻译与英语教学［M］．成都：电子科技大学出版社，2017．05．

[5] 范燕华，米锦平．跨文化交际研究与翻译行为策略［M］．重庆：重庆大学出版社，2020．06．

[6] 郭文琦．基于跨文化交际视角下英语翻译技巧与方法研究［M］．北京：北京工业大学出版社，2019．08．

[7] 李冰冰．英语教学与翻译理论研究［M］．北京：北京理工大学出版社，2017．01．

[8] 李东君．基于跨文化视角的英语翻译综合研究［M］．北京：北京工业大学出版社，2021．11．

[9] 李俊清．商务英语翻译实践［M］．成都：电子科技大学出版社，2017．05．

[10] 李丽丽．跨文化视角下英语翻译障碍及对策［M］．长春：吉林出版集团股份有限公司，2020．04．

[11] 李侠．英汉翻译与文化交融［M］．成都：电子科技大学出版社，2020．04．

[12] 李雪芹．基于文化视角的英汉翻译探究［M］．天津：天津科学技术出版社，2019．05．

[13] 张丽丽．商务英语翻译的理论应用及实践研究［M］．北京：中国纺织出版社，2022．12．

[14] 梁素文. 英语翻译中的跨语言文化研究［M］. 郑州：郑州大学出版社，2018. 07.
[15] 梁颖. 翻译理论与实践研究文库研究生英中笔译教学［M］. 武汉：华中科技大学出版社，2019. 12.
[16] 林晓莉，于玲，刘春静. 英语翻译多维视角新探研究［M］. 长春：吉林人民出版社，2021. 09.
[17] 刘晓然，秦颖颖. 跨文化交际视角下英语翻译研究［M］. 哈尔滨：东北林业大学出版社，2018. 08.
[18] 马予华，陈梅影，林桂红. 英语翻译与文化交融［M］. 长春：吉林人民出版社，2017. 08.
[19] 彭萍. 实用旅游英语翻译［M］. 北京：对外经济贸易大学出版社，2010. 11.
[20] 祁岩. 商务英语与跨文化翻译研究［M］. 长春：吉林人民出版社，2020. 08.
[21] 司显柱，庞玉厚，程瑾涛. 汉译英翻译研究功能途径［M］. 北京：外语教学与研究出版社，2017. 12.
[22] 唐昊，徐剑波，李昶. 跨文化背景下英语翻译理论研究与实践探索［M］. 长春：吉林人民出版社，2020. 08.
[23] 佟磊. 英语翻译理论与技巧研究［M］. 长春：东北师范大学出版社，2017. 10.
[24] 王大维，王中立，王军. 新时代科技英语翻译路径研究［M］. 南京：东南大学出版社，2019. 06.
[25] 王静. 跨文化视角下的英语翻译理论与实践探究［M］. 长春：吉林人民出版社，2018. 09.
[26] 吴丹，洪翱宙，王静. 英语翻译与教学实践［M］. 长春：吉林人民出版社，2017. 05.
[27] 杨馨，朱彦臻，田申. 英语翻译理论与方法研究［M］. 长春：吉林人民出版社，2019. 11.
[28] 杨元元. 现代英语应用翻译理论与实践研究［M］. 长春：吉林出版集团股份有限公司，2020. 06.

［29］余胜映．英语翻译教学的理论与实践应用研究［M］．延吉：延边大学出版社，2022．07．
［30］张慧．跨文化背景下的专门用途英语翻译［M］．郑州：郑州大学出版社，2019．12．